인생 여행
인생을 빛나게 하는 13가지 만남

© 생명의말씀사 2017

2017년 1월 18일 1판 1쇄 발행
2017년 3월 2일 2쇄 발행

펴낸이 | 김재권
펴낸곳 | 생명의말씀사

등록 | 1962. 1. 10. No.300-1962-1
주소 | 서울시 종로구 경희궁1길 5-9(03176)
전화 | 02)738-6555(본사)·02)3159-7979(영업)
팩스 | 02)739-3824(본사)·080-022-8585(영업)

지은이 | 진재혁

기획편집 | 서정희, 장주연
디자인 | 김혜진, 윤보람
인쇄 | 영진문원
제본 | 정문바인텍

ISBN 978-89-04-16580-3 (03230)

저작권자의 허락없이 이 책의 일부 또는 전체를
무단 복제, 전재, 발췌하면 저작권법에 의해 처벌을 받습니다.

인생을 빛나게 하는 13가지 만남

진재혁 지음

JOURNEY OF LIFE

인생 여행

생명의말씀사

contents

프롤로그 | 인생은 만남의 연속이다 • 8

1 인생 여행 세상과의 만남

하나님이 나를 지으셨고, 여기까지 인도하셨으며,
앞으로도 다스리신다 • 10

진정한 여행은 하나님과의 만남에서부터
우리는 모두 모태 신앙인!
하나님은 나를 신묘막측하게 지으셨다
토기장이 하나님은 지금도 나를 빚어 가신다

2 인생 여행 나와의 만남

프로필 너머의 진짜 나는 예수님을 통해서만 만날 수 있다 • 24

"당신은 누구십니까"라는 질문에 답하기
나와의 만남을 가로막는 7P
비교하지 말라. 나는 나다
우리의 새로운 자아의 값어치: 예수님짜리 인생

3 인생 여행 꿈과의 만남

하나님은 잊었던 꿈과의 만남을
다시 주선하시고 속히 이루신다 • 40

우리에게 소원을 두고 행하게 하시는 하나님
'왜(Why)?'가 있는 꿈은 하나님의 사인이다
마음을 뜨겁게 하는 꿈, 당신은 찾았는가?
일상에서 하나씩, 조금씩 꿈에 가까이 다가가라

JOURNEY OF LIFE

4 인생 여행
친구와의 만남

예수님은 거침없이 달려와 "너는 내 친구라" 말씀하신다 •54
좋은 친구는 얻는게 아니라 되어주는 것이다
예수님은 우리에게 종이 아니라 친구라고 선포하셨다
진실로 친구를 사랑한다면

5 인생 여행
갈등과의 만남

하나님은 갈등을 뒤집어 선으로 전환하신다 •68
바울의 갈등 해결 방식, '관계 삼각형 이론'
지혜, 갈등을 푸는 열쇠
갈등을 이기는 세 가지 프로세스

6 인생 여행
배우자와의 만남

결혼을 만드신 하나님은 행복한 결혼 생활이
무엇인지 가장 잘 알고 계신다 •84
바라는 배필에서 돕는 배필로
하나님이 기뻐하시는 남편과의 만남
하나님이 기뻐하시는 아내와의 만남

7 인생 여행 자녀와의 만남

하나님은 자녀를 통해 나를 보게 하시고,
하나님을 보게 하신다 •100

나를 향한 아버지 하나님의 마음
자녀는 부모의 뒷모습을 보고 자란다
반드시 물려주어야 할 믿음의 유산
자녀는 곧 우리 품을 떠난다

8 인생 여행 고난과의 만남

인생에는 고난이 있기 때문에
드릴 수 있는 기도가 있다 •116

과거의 나를 돌아보며 회개의 무릎을 꿇게 한다
하나님을 바라보도록 안내해 준다
이유를 알 수 없는 고난이 우리에게 닥칠 때
고난을 바라보는 열린 눈

9 인생 여행 원수와의 만남

차라리 안 만났다면 좋았을 원수의
앞에서, 위에서, 옆에서 하나님은 일하신다 •130

비껴갈 수 없는 질긴 인연, 원수
원수 앞에서 하나님은 밥상을 차려 주신다
원수 위에서 하나님은 공의롭게 갚아 주신다
원수 옆에서 하나님은 사랑과 용서를 권하신다

10 인생 여행 스승과의 만남

배우고, 함께하고, 격려하며 어느덧
닮아 가는 소중한 동역자 •146

당신에게는 스승이 있는가?
스승을 위해 감사의 마음을 표현하자
스승과 제자는 그렇게 닮아 간다
겸손한 스승의 모범이신 주님을 붙좇는 삶

JOURNEY OF LIFE

11
인생 여행
스트레스와의 만남

불안의 물음표를 능력의 마침표로 바꾸는 무기를 들라 •162
인생 여행에서 피할 수 없는 스트레스
지혜롭게 스트레스를 맞이하는 방법
태풍의 눈 안에 거하는 지혜
스트레스를 기도로 승화시킬 때

12
인생 여행
기적과의 만남

우리의 소원을 넘어 하나님의 방법으로
베푸시는 기적의 은혜 •178
생각해 보면 기적으로 가득한 인생
아직도 기적과의 만남이 믿어지지 않는가
하나님의 입장에서 기적은 아무것도 아니다
기적을 베풀기를 원하시는 하나님

13
인생 여행
죽음과의 만남

하나님 영광 앞에 서는 그날을 소망으로 바라보다 •192
누구나 피할 수 없는 길, 죽음의 강을 건너야 한다
그리스도의 죽음 안에 죽음이 죽었다
죽음은 마침표가 아니라 쉼표, 영원을 준비하라
죽음을 준비할 때 답해야 할 두 가지 질문

프롤로그_ 인생은 만남의 연속이다

　행복한 여행에 중요한 세 가지가 있다. 먼저 짐이 가벼워야 한다. 짐이 무거우면 시작부터 불안하다. 무거운 짐은 여행의 본질을 흐리게 한다. 그러니 가능한 짐은 가벼워야 한다.
　또한 여행에는 무엇보다 동행자가 중요하다. 아무리 좋은 곳을 가고 비싼 여행을 한다 해도 함께 걷는 사람이 싫으면 그 여행은 그야말로 최악의 시간이 된다. 반면 행복한 여행에는 행복한 동행이 뒤따른다.
　마지막으로 중요한 요소는 여행의 목적지다. 방식은 자유롭게 하되 가고자 하는 방향이 명확해야 한다. 그래야 여행의 가치가 더욱 빛난다. 만약 목적지가 애매하면 여행 중 겪게 될 많은 변수와 후회를 감당해야 한다.

　그러나 나는 이 세 가지보다 더 중요한 것이 있다고 생각한다. 바로 여행 중 마주치는 숱한 사건들과의 '만남'이다. 의미 있는 만남은 짐이 조금 무겁고, 함께 걷는 이가 없고, 목적지가 불분명해도 그 빈자리를 채워 주기에 충분하기 때문이다.

  누구나 인생이라는 여행을 한다. 어떤 이는 지금 그 여행의 시작점에 서 있을 수 있고, 누군가는 한창 정신없이 달리고 있을 것이며, 이제 여행의 끝자락에서 여정을 마칠 준비를 하는 사람도 있을 것이다. 중요한 것은 여행길에서의 만남을 어떻게, 어떤 식으로 마주하는가다.
  우리의 인생은 세상에 나온 순간부터 영원에 이르는 순간까지 계속되는 만남의 연속이다. 만남의 지혜는 위로부터 내려온다. 그 지혜를 통한 만남은 우리를 성장시킬 것이다. 또한 멈추어진 우리의 발걸음을 다시 뛰게 만들 것이다.

_ **진재혁** 목사

"내가 모태에서부터 주를 의지하였으며 나의 어머니의 배에서부터 주께서 나를 택하셨사오니 나는 항상 주를 찬송하리이다"(시 71:6).

하나님은 세상과의 첫 만남에 대해 "결코 우연은 없다"라고 말씀하신다. 우리가 세상에 태어나서 갖는 첫 만남은 부모님과의 만남이다. 그러나 그보다 중요한 만남은 나를 창조하신 하나님과의 만남이다. 그때부터 우리가 진정한 인생 여행을 시작했기 때문이다. 만남이 없는 여행을 하는 사람은 아무도 없다. 진정한 여행은 하나님과의 만남으로 시작된다.

1
인생 여행
세상과의 만남

**하나님이 나를 지으셨고, 여기까지 인도하셨으며,
앞으로도 다스리신다**

　누구나 세상과 처음 마주하는 순간을 겪는다. 기억하기 힘들지만 우리의 마음을 따뜻하게 해주는 어린 시절의 추억도 있다. 부모님과 보낸 시간들, 어릴 적 살던 동네, 가정, 고향 등 지나온 삶의 어렴풋한 기억은 늘 마음 깊숙이 숨겨 놓은 가장 따뜻하고 은밀한 공간이다. 이 추억을 머금은 옛 사진들을 보고 있노라면 '아, 그때 내가 이랬구나' 하는 생각에 젖어 든다.

　세상과의 첫 만남의 순간에 갓 태어난 고사리 같은 작고 작은 손을 가장 처음 잡아 준 존재가 있다. 바로 부모님이다. 부모님과 손을 맞잡은 그 시간이 바로 감격적인 세상과의 첫 만남의 순간이다.

　누구나 첫 만남의 상황과 환경은 다르다. 성경 인물들의 첫 만남의 모습도 그렇다. 아버지 아브라함과 아들 이삭, 아버지 야곱과 아들 요셉, 어머니 요게벳과 아들 모세, 어머니 한나와 아들 사무엘 등 모든 만남이 다르고 특별해 보인다.

그러나 한 가지 공통적인 사실은 세상과의 첫 만남이 한 사람의 생각과 성격, 철학과 가치에 많은 영향을 끼친다는 것이다. 때로는 이 만남으로 입은 마음의 상처가 흉터로 남아 있기도 하다.

'어머니, 왜 나를 낳으셨어요?'

'나는 왜 이렇게 생겼을까?'

'우리 부모님은 왜 그러셨을까?'

우리에게는 기쁘고 감사한 기억이 있는 반면, 오래되었지만 마음 한구석을 찌르는 아픈 기억도 있다. 살다 보면 기쁨 또는 아픔, 미소가 지어지는 흐뭇함 또는 가슴을 쥐어짜는 고통, 눈물과 안타까움, 마음에 드리워지는 여유 등 수없이 많은 감정이 아련히 떠올랐다가 사라지곤 한다.

비록 희미하지만 세상과의 첫 만남을 떠올려 보자. 어떤 사람에게는 생각만 해도 웃음이 나는 좋은 추억으로 그려져 있지만, 어떤 사람은 전혀 기억하고 싶지 않은 고통이 느껴질 수 있다.

어떤 기억들은 여전히 우리 삶에 짐이 되기도 한다. 하지만 그 짐조차 여행의 일부라는 사실을 인정해야 한다. 세상과의 첫 만남은 한 사람의 인생에서 끊어 낼 수 없는 아주 중요한 순간이기 때문이다. 숱한 여행

길을 지나왔건만 지금도 여전히 지울 수 없는 흔적이 되어 짐을 꾸릴 때마다 드러난다.

진정한 여행은 하나님과의 만남에서부터

그렇다면 하나님은 세상과의 첫 만남에 대해 어떻게 말씀하시는가? 하나님은 이 만남에 대해 "결코 우연은 없다"라고 말씀하신다. 세상과의 첫 만남에는 분명한 이유와 목적이 있다는 뜻이다. 그런데 우리는 잘 이해하지 못한다. 하나님은 왜 나를 이런 세상과 마주하도록 창조하셨는가?

"우리는 그가 만드신 바라 그리스도 예수 안에서 선한 일을 위하여 지으심을 받은 자니 이 일은 하나님이 전에 예비하사 우리로 그 가운데서 행하게 하려 하심이니라"(엡 2:10).

하나님이 우리를 창조하신 이유는 선한 일을 행하게 하시기 위해서다. 여기서 '선'은 헬라어로 '아가도스'로, 관계의 의미를 담고 있다. 쉽게 말해서 선과 악을 나누는 기준이 '관계'라는 것이다. 따라서 '선한 사람'이란 하나님과의 관계에서 거리낌 없이 떳떳한 사람을 뜻한다. 또한 사람과의 관계에 있어서 불편함이 없이 좋은 관계를 유지하고 있다면 그는 선한 사람이라고 할 수 있다.

　이처럼 하나님은 하나님을 만날 때나 사람들을 만날 때 선한 사람으로 우리를 창조하셨다. 이것이 우리가 세상에 창조된 목적이다.

　우리가 세상에 태어나서 갖는 첫 만남은 부모님과의 만남이다. 더불어 가족과의 만남이고, 고향과의 만남이다. 그러나 무엇보다 중요한 만남은 나를 창조하신 하나님과의 만남이다. 그때부터 우리가 진정한 인생 여행을 시작했기 때문이다. 만남이 없는 여행을 하는 사람은 아무도 없다. 진정한 여행은 하나님과의 만남으로 시작된다. 이것이 바로 우리를 향한 하나님의 주권적 역사다.

　"보라 나는 내가 세운 것을 헐기도 하며 내가 심은 것을 뽑기도 하나니 온 땅에 그리하겠거늘"(렘 45:4).

　건축가가 오래된 건물을 헐기도 하고 새로운 건물을 세우기도 하듯, 만물의 주관자가 되신 하나님의 손에 온 세상의 생사화복과 만물의 흥망성쇠가 달려 있다.

　이제 창조주요 주권자가 되신 하나님이 시편을 통해 들려주시는 세상과의 첫 만남에 대한 메시지를 들어 보자. 우리 인생 여행의 첫 만남이 주는 세 가지 중요한 의미를 살펴보자.

우리는 모두 모태 신앙인!

"오직 주께서 나를 모태에서 나오게 하시고 내 어머니의 젖을 먹을 때에 의지하게 하셨나이다 내가 날 때부터 주께 맡긴 바 되었고 모태에서 나올 때부터 주는 나의 하나님이 되셨나이다"(시 22:9-10).

"내가 모태에서부터 주를 의지하였으며 나의 어머니의 배에서부터 주께서 나를 택하셨사오니 나는 항상 주를 찬송하리이다"(시 71:6).

우리는 흔히 "저는 모태 신앙입니다"라는 말을 듣곤 한다. 이는 부모의 믿음 안에서 태어났다는 뜻이다. 그런데 성경은 "모태에서 나올 때부터 주는 나의 하나님이 되셨나이다", "내가 모태에서부터 주를 의지하였으며"라고 하며 우리 모두가 모태 신앙을 가진 사람이라고 말한다. 하나님이 모태에서부터 나를 택하시고 찾으신 것이다.

사실 배 속에서부터 주를 의지한 사람은 아무도 없다. 모태에서부터 하나님을 믿겠다고 고백한 사람도 없다. 그러나 나는 우연히 태어난 것이 아니다. 하나님은 내가 태어나기 전부터 이미 나를 알고 계셨다. 성경은 어머니의 배 속에서부터 주께서 나를 택하셨다고 말한다.

"내가 너를 선택했다. 내가 너와 함께하겠다. 내가 너를 사랑한다."

내가 먼저 믿은 것이 아니라 하나님이 먼저 나를 택하셨다. 나보다 나를 먼저 아셨고, 내 삶을 인도하셨다. 다시 말해 나는 우연한 존재가 아니라 하나님이 의도하시고, 하나님이 사랑하시고, 하나님이 택하신 존재다. 이 사실을 깨달은 사람은 비로소 하나님께 사랑을 고백하게 된다.

"내가 너를 모태에 짓기 전에 너를 알았고 네가 배에서 나오기 전에 너를 성별하였고 너를 여러 나라의 선지자로 세웠노라"(렘 1:5).

하나님이 예레미야를 부르실 때 하신 말씀이다. 그러나 이 말씀은 예레미야에게만 해당되는 것이 아니라 모든 성도를 향한 말씀이기도 하다. 전지하신 하나님은 모태에 짓기 전부터 나를 아셨고, 내가 태어나기도 전에 나를 성별하셨다. 더 나아가 내 삶에 역사하시는 주님은 나를 사명의 자리로 부르셨다.

희미한 기억의 조각을 맞추어야만 하는 세상과의 첫 만남이지만 하나님이 이미 알고 계셨고 인도하셨으니 우리는 모두 모태 신앙인이다. 하나님이 나를 아신다.

하나님은 나를 신묘막측하게 지으셨다

하나님은 모태에 짓기 전부터 나를 아셨을 뿐만 아니라 나를 만드셨다. 즉 하나님은 창조 이전부터 나를 아셨고, 하나님의 손으로 나를 창조하셨다.

"주께서 내 내장을 지으시며 나의 모태에서 나를 만드셨나이다 내가 주께 감사하옴은 나를 지으심이 심히 기묘하심이라 주께서 하시는 일이 기이함을 내 영혼이 잘 아나이다"(시 139:13-14).

여기서 '기묘하심이라'라는 표현은 개역한글 성경에 '신묘막측하심이라'라고 되어 있다. 쉬운 말로 '명품'이라는 뜻이다. 하나님의 창조 세계는 이처럼 신묘막측하다.

우리는 스스로의 외모와 능력에 대해 만족하지 않을 수 있다. 그러면서 현재 불만족스러운 내 모습이 부모 때문이라고 탓할 때가 있다. 부모 역시 자녀들을 보면서 잘될 때는 자기를 닮아서이고, 잘 안될 때는 자기를 안 닮아서라고 이야기하곤 한다. 그런데 성경은 하나님이 우리를 신묘막측하게 지으셨다고 말한다. 하나님이 우리를 지으시되 놀랍도록 아름답게 만드셨다는 뜻이다.

요즘 젊은이들은 외모가 준수하고 아름답다. 찰랑거리는 생머리를 소유했고, 키도 훤칠하다. 그런데 어디 하나 빠질 데 없는 외모에도 불구하고 당당하지 못하고 위축된 모습을 보일 때가 있다. 무슨 큰 잘못을 한 것도 아니다. 하지만 사연을 들어 보면 그럴 만한 이유가 있다.

한 청년은 자신이 태어나는 것을 원하지 않았던 부모님으로 인해 큰 상처를 받고 자랐다. 어렸을 때는 예쁘지 않은 외모로 부모님의 냉대를 받기도 했다. 부모님 간의 잦은 말다툼과 심지어 폭언과 폭력의 현장을 수도 없이 목격했으며, 자신을 원하지 않았다는 이유 하나만으로 어머니로부터 심한 학대를 받기까지 했다. 결국 부모님은 결혼 생활을 지속하지 못하고 헤어졌다. 홀로 남겨진 그는 극심한 외로움과 우울감으로 인해 인생에 대한 자신감을 완전히 잃어버렸다.

이후에도 그의 삶의 악순환은 계속되었다. 학대에 대한 상처가 학교에서도 이어졌던 것이다. 약하고 자신감 없어 보이는 외모 때문에 지속적인 집단 따돌림을 당하면서 그는 인생을 살아갈 소망마저 잃었다. 그의 자아상은 늘 '세상에서 가장 쓸모없는 인간'으로 평가되었다.

그러던 어느 날, 암흑만이 인생길의 전부라 여겼던 그에게 빛 되신 예수님이 찾아오셨다. 자신의 외모보다 존재 그 자체를 바라보시는 예수님의 사랑 앞에 그는 완전히 변화되었다. 자신을 원하지 않았던 부모님의 그릇된 시각으로부터, 자신의 외모를 트집 잡아 물고 뜯었던 친구들의 괴롭힘으로부터 자유로워진 것이다. 그는 예수님의 사랑이 자신의 인생을 밝히 비추고 있기에 이제 자신의 인생에 대해 감사할 수 있다고 고백한다.

세상은 인간을 존재 그 자체가 아니라 외모로 판단한다. 그러나 세상의 판단과 평가는 결코 인간의 존재 가치를 단정할 수 없다.

언젠가 우리 아이들이 강아지를 기르고 싶어 해서 알아보던 차에 대형마트에 위치한 강아지 분양소를 찾았다. 강아지를 한 번만 보고 오자고 나갔다가 단번에 일을 저지르고 말았다. 귀여운 강아지들의 모습을 보면서 우리 가족의 마음이 다 녹아내렸고, 기다리기는커녕 바로 분양했다. 그런데 똑같은 종류의 강아지가 있는데 가격 차이가 10만 원이나 나는 것이었다. "아니, 왜 다 똑같은데 10만 원이나 차이가 납니까?" 하고 물어보자 직원이 이렇게 답했다.

"얘가 더 예쁘잖아요."

얼마나 충격을 받았는지 모른다. 강아지도 얼굴 가지고 10만 원이나 차이가 난다니, 세상이 너무 야속하게 느껴졌다.

이 세상은 강아지 얼굴도 잘생겼다고 10만 원을 더 받는다. 그런데 하나님은 결코 그렇지 않으시다. 하나님은 성경을 통해 "내가 너를 신묘막측하게 만들었다"라고 말씀하신다. 우리는 놀랍도록 아름다운 존재다.

그런데 눈에 보이는 아름다움보다 더 고귀한 것이 있다. 바로 내면의 아름다움이다. 성경은 사람은 외모를 보지만, 하나님은 마음의 중심을 보신다고 말한다.

"여호와께서 사무엘에게 이르시되 그의 용모와 키를 보지 말라 내가 이미 그를 버렸노라 내가 보는 것은 사람과 같지 아니하니 사람은 외모를 보거니와 나 여호와는 중심을 보느니라 하시더라"(삼상 16:7).

이사야서에서 하나님은 "네가 내 눈에 보배롭고 존귀하며 내가 너를 사랑하였은즉"(사 43:4)이라고 말씀하셨다. 하나님이 나를 보배롭고, 존귀하며, 사랑스러운 존재로 만드셨다. 70억 인구 중 나와 같은 사람은 없다. 나처럼 말하고, 생각하고, 행동하는 사람은 오직 나뿐이다. 하나님이 나를 특별한 존재로 만드신 것이다.

앞서 언급했던 에베소서 2장 10절, "우리는 그가 만드신 바라"에서 '만드신 것'은 헬라어로 '포이에마'이다. 이 단어에서 '시'를 의미하는 영어 단어 'poem'이 나왔다. 헬라어 원어의 의미를 살려서 이 구절을 번역하면 다음과 같다.

"우리는 하나님이 쓰신 시다."

우리는 하나님이 고민해서 정성껏 쓰신 시요, 하나님의 손길이 닿은 소중한 작품인 것이다. 하나님의 관점에서 가장 아름다운 존재는 바로 나 자신이다. 거울을 보며 "하나님이 신묘막측하게 나를 지으셨다"라고 고백하는 사람이 진정 아름다운 사람이다.

나는 우리 아이들을 보면서 "너 진짜 멋지구나"라고 말한다. 그러면 아이들이 "아빠니까"라고 한다. 하나님께서도 우리에게 "너 참 아름답구나"라고 말씀하신다. 하나님께서 우리의 아버지시요, 창조자이시기 때문이다.

토기장이 하나님은 지금도 나를 빚어 가신다

"그러나 여호와여, 이제 주는 우리 아버지시니이다 우리는 진흙이요 주는 토기장이시니 우리는 다 주의 손으로 지으신 것이니이다"(사 64:8).

성경은 하나님은 토기장이시요, 우리는 진흙이라고 말한다. 토기장이 되신 하나님이 진흙인 우리의 삶을 빚으시고, 인도하시며, 다스리신다. 이처럼 하나님의 주권을 신뢰한다면 세상과의 첫 만남과 이후의 여정을 돌아보며 우리는 이렇게 고백할 수 있다.

"내가 나 된 것은 하나님의 은혜로 된 것입니다. 토기장이 되신 하나님이 나를 빚으십니다."

하나님이 여기까지 나를 이끄셨다.

로키산맥의 해발 3,000m 높이를 '수목한계선'이라고 부른다. 이곳에서 자라는 나무들은 온갖 매서운 바람과 눈보라로 인해 곧게 자라지 못해 하나같이 구부러져 무릎을 꿇고 있다. 나무들은 험악한 환경에서 살아남기 위해 버티고 버틴다. 그리고 역경의 세월을 견뎌 낸 나무들만이 세계적으로 공명이 가장 잘되는 최고의 명품 바이올린으로 탄생된다. 그 자리에 나무를 심어 놓으시고 명품으로 만들어 가시는 분은 하나님이시다.

지금도 이해할 수 없는 고통스런 여정을 우리는 지나왔다. 돌아보면 감사와 기쁨의 시간이 있었고, 배움과 성장의 시간이 있었다. 모든 인생의 여정 가운데 주님이 계셨다. 하나님은 토기장이시고 나는 진흙일 뿐이다. 그분의 손안에 우리가 있다.

오스왈드 샌더스의 《모든 인생은 하나님의 계획이다》에는 하나님의 인도하심에 대한 9가지 오해가 나온다.

1. 내 의지를 포기하고 모든 것을 맡기면 원하지 않는 힘든 일을 강요하실 것이라는 오해다.
2. 비합리적인 일을 하도록 요구하신다는 오해다.
3. 우리가 바라는 일을 방해하실 것이라는 오해다.
4. 하나님의 뜻을 간과해 잘못된 선택을 하면 영원히 '차선의 인생'만을 살 것이라는 오해다.
5. 하나님이 우리를 인도하실 때는 강렬한 감정을 동반한다는 오해다.
6. 우리의 직감이 하나님의 음성이라는 오해다.
7. 일이 잘 풀리는 것은 무조건 하나님의 신호이므로 그대로 밀고 나가야 한다는 오해다.
8. 기회의 문이 닫히면 다 끝났다는 오해다.
9. 머리를 비웠을 때 마음에 떠오르는 생각이 하나님의 인도하심이라고 생각하는 오해다.

하나님은 가장 좋은 것을 주시는 분이다. 더욱이 그분은 이성에 반하는 일은 요구하시지 않는다. 특히 네 번째 오해는 하나님이 토기장이시라는 사실로 해명할 수 있을듯하다. 토기장이는 잘못 빚은 그릇이라도 결코 버리지 않고 최선의 것으로 다시 빚는다. 하나님의 손길은 최고의 것만을 만든다.

장인이 만드는 작품은 짝퉁이 없다. 누가 흉내 낼 수 없는 것으로, 흠집조차도 장인의 손길이 된다. 세상과의 만남에서 우리는 어려운 순간들을 많이 만나게 된다. '세상 일이 내 마음대로 안 된다'라는 고통스런 탄식 앞에서 좌절감을 느낄 수도 있다. 하지만 하나님은 그 고난의 흔적마저 작품에 새겨 넣으신다.

"여호와의 말씀이니라 이스라엘 족속아 이 토기장이가 하는 것같이 내가 능히 너희에게 행하지 못하겠느냐 이스라엘 족속아 진흙이 토기장이의 손에 있음같이 너희가 내 손에 있느니라"(렘 18:6).

토기장이 되신 하나님이 우리를 다시 빚으신다. 이러한 믿음이 있을 때 세상과의 만남을 아름답게 채워 갈 수 있다. 하나님의 손길을 통해 가장 아름다운 내가 탄생했다. 나를 만드시고 지으신 하나님, 나를 아시는 하나님, 그 하나님이 나의 토기장이시다.

"네가 내 눈에 보배롭고 존귀하며 내가 너를 사랑하였은즉"
(사 43:4상).

인생 여행에서 나와의 만남은 예수님 앞에 내가 어떤 존재인지를 깨닫는 과정이다. 나는 예수님짜리 인생이고, 하나님의 절대적인 사랑을 받고 있는 특별한 존재다. 이 존재감만 잊지 않고 산다면 나와의 만남에서 당당할 수 있다.

2
인생 여행
나와의 만남

**프로필 너머의 진짜 나는
예수님을 통해서만 만날 수 있다**

TV 프로그램에 미스 아메리카에 당선된 여성이 나왔다. 세계에서 인정한 미인은 과연 빛이 났다. 모두가 인정한 미모를 타고났으니 얼마나 뿌듯할까 싶어 부러운 마음으로 인터뷰를 지켜보았다. 당연히 사회자는 아름다움에 대해 질문했다.

"당신은 자신이 아름답다고 생각하십니까?"

당연히 "네"가 나오리라 예상한 질문이었지만 그녀는 심각한 표정으로 대답했다.

"아니요. 그렇지 않아요."

"아니, 당신은 미스 아메리카잖아요. 당연히 스스로를 아름답다고 생각해야 하지 않나요?"

사회자의 질문에 미스 아메리카는 또 한 번 진지하게 말했다.

"아니요. 그렇지 않아요. 저는 제가 아름답다고 생각하지 않아요."

세계에서 인정한 미인은 왜 자신이 아름답다고 생각하지 않았을까? 아마도 자신이 누구이며, 얼마나 소중한 존재인지, 자신의 가치가 얼마나 대단한지 깨닫지 못했기 때문이 아닐까? 아무리 빼어난 미모를 가졌다 해도 자신이 누구인지 바로 보고 알지 못하면 진정 나 자신에 대해 이야기할 수 없다. 그녀에게 가장 필요한 것은 반짝이는 미인 대회 왕관에 앞서 진정한 나와의 만남이 아니었을까?

"당신은 누구십니까?"라는 질문에 답하기

인생 여행에 있어서 태어나 세상과 첫 만남을 가진 후 이어지는 만남은 '나와의 만남'이다. "당신은 누구십니까?"라는 질문 앞에 사람들은 대개 영수증처럼 길게 나열된 자신의 프로필을 말할 것이다. 하지만 그것은 사회가 만들어 준 신상일 뿐, 많은 사람이 자기 존재의 가치를 모르는 채 살아간다. 그래서 나와 만나는 시간이 반드시 필요하다. 그 시간을 통해 진정한 나를 만나야 한다.

"당신은 자신이 누구라고 생각하는 바로 그 사람이다"(You are who you think you are)라는 말이 있다. 이처럼 나에 대한 정의와 성찰이 곧 나를 정의한다.

나는 누구일까? 나와의 만남에서 하나님은 어떻게 개입하실까?

어린 시절 나를 가장 괴롭히던 말이 있었다. 누구나 동네 어르신들에게서 한 번쯤 들었을 "다리 밑에서 주워 왔다"라는 말이다. 어린 마음에 '다리 밑에서 주워 온 아이'라는 말을 들으면 '어딘가에서 주워 온 자식'이라는 생각이 들어 절망감에 시달렸던 기억이 난다.

어른들은 왜 그런 말로 놀렸을까? 부모님께 자기 존재를 인정받고, 한 식구라는 울타리에서 사랑받고 싶어 하는 아이들의 동심에 어른들은 왜 그런 심한 농담을 했는지 굳이 설명해 주지도 않았다. 어쨌든 이 얄궂은 농담이 마음속에서 언제 사라졌는지는 모르지만 오랫동안 어린 가슴에 남았다. 특별히 부모님께 혼날 때나 섭섭할 때는 어딘가에 진짜 엄마가 있을 것만 같은 생각이 들기도 했다.

나와의 만남을 가로막는 7P

"제 잘난 맛에 산다"라는 말이 있다. 자기 기준으로 자기만의 길을 걷는 사람을 비꼬는 말이다. 하지만 한편으로는 자존감 있는 사람을 빗댄 표현이라는 생각도 든다. 자존감이란 자기 잘난 맛을 알고 인정한다는 의미도 되기 때문이다. 그런데 그 잘난 맛을 알지 못하게 만드는, 즉 자존감이 낮아지게 하는 세상의 기준과 가치가 있다. 그것은 자존감에 심각한 상처를 준다.

자존감을 떨어뜨리고 나와의 만남을 가로막는 방해물 7P에 대해 살펴보자.

첫째, '인식'(Perception, 어떻게 보이는가), 즉 외모다. 사람들은 자기 자신이 남들에게 어떻게 보이는가를 중요하게 생각한다. 그래서 하루에 적어도 한 번 이상 거울을 들여다보면서 자신을 향해 지적한다.

'오늘은 헤어스타일이 별로네.'

'좀 뚱뚱해 보이지 않나?'

하나하나 꼬투리를 잡으며 스스로를 깎아내린다. 물론 장점만 바라보는 자존감 높은 사람도 있지만 대부분은 부정적인 본성이 앞서기에 부족한 부분을 본다. 게다가 외모는 사람을 대할 때 가장 먼저 보게 되는 부분이므로 더욱 신경이 쓰인다.

한번은 어느 목회자 모임에서 교제할 시간이 있었다. 그중에는 수년 동안 만나지 못한 분들도 계셨는데, 오랜만에 나를 본 분들이 하나같이 놀란 표정으로 인사를 건네셨다.

"목사님! 몰라보게 날씬해지셨어요. 예전에는 골리앗인 줄 알았는데 이제는 아니네요."

날씬해졌다는 인사는 무척 반가웠지만, 한편으로는 식사 자리에서 그런 인사를 받으니 부담이 컸다. 날씬해졌다는 칭찬 앞에서 음식을 제대로 먹을 수가 없었다. 혹시라도 마음대로 젓가락질을 하는 모습을 보여 나약한 의지를 들킬 것만 같았기 때문이다. 역시나 본질은 못 보고 현상에만 연연했던 것이다.

　요즘처럼 사회관계망서비스(SNS) 시대에 외모는 자신을 알리는 또 하나의 수단이다. 온갖 일상을 네트워크를 통해 공유하다 보니 온라인에 띄우는 사진은 필수이기에 외모에 더욱 신경이 쓰인다. 일단 외형적으로 훌륭해야 한다는 생각이 커진 것이다. 오늘날에는 이처럼 중요한 외모로 인해 내면과의 만남이 점점 멀어지고 있다.

　둘째, '소유'(Possession)다. 재산으로 사람을 판단하는 것이다. 자본주의사회에서 우리는 '얼마나 소유했는가'에 민감하다. 그렇다 보니 많이 가진 사람의 존재 가치를 높게 생각하고, 그렇지 못한 사람을 낮추어 생각할 위험성도 크다. 얼마나 큰 집에 사는지, 경제력은 얼마나 되는지 등이 결혼의 첫 번째 조건이 되기도 한다. 그래서 "외모가 안 되면 능력이라도 되어야지"라는 씁쓸한 농담이 진짜 사회적 평가 기준이 되었다. 가진 것으로 사람을 판단하고, 존재 가치까지 재는 세상의 기준은 아주 위험하다. 나와의 진솔한 만남을 가로막는다.

　셋째, '지위'(Position)다. 잘나가는 대기업 임원이 있었다. 임원이다 보니 아랫사람들이 많았고, 지위에서 나오는 권위에 기세등등했다. 하지만 퇴직을 하자 모든 것이 부질없었다. 직장에서 지위를 통해 누렸던 영향력이 더 이상 존재하지 않았기에 극심한 우울증에 시달렸다. 지위가 곧 자신이 아님을 뒤늦게 깨달은 것이다.

　지위에 대한 집착은 자신이 가진 능력이 얼마나 강력한지, 얼마나 영향력을 미칠 수 있는지 자꾸 확인하게 하는 속성이 있다. 따라서 상대적으로 다른 사람의 반응을 통해 자신의 정체성을 만들어 가게 된다.

특히 지위에는 사회적 지위뿐만 아니라 혈연적, 지연적 관계를 통해 주어진 지위도 포함된다. 누군가의 배우자, 부모나 자녀 등의 자리가 마치 자신의 정체성인 양 착각하는 일도 생긴다. "내가 누군데!" 하면서 호기를 부리거나 영향력 있는 지인의 이름을 거들먹거리며 좋지 않은 모습을 보이다가 망신을 당하는 경우가 그렇다. 지위는 잠깐 있다가 사라지는 안개와 같다. 이 안개는 결국 자기 자신을 망각하게 만든다.

넷째, '권력'(Power)이다. 권력은 지위에서 나올 수도 있다. 권력을 의지하는 일은 건강한 자존감 형성을 방해한다. 권력은 어떤 식으로든 다른 사람을 복종시키려는 경향이 있다. 특별히 인간관계에서 권력을 행사하는 사람은 상대를 덜 사랑하게 되어 있다.

"화무십일홍 권불십년"(花無十日紅 權不十年)이라는 말이 있다. 권력의 무상함을 표현하는 말로서, '아무리 아름다운 꽃도 열흘을 넘기지 못하고, 아무리 막강한 권력이라고 해도 10년을 넘기지 못한다'라는 뜻이다. 한낱 사라지고 말 권력은 나의 존재 이유가 될 수 없다.

다섯째, '업적'(Performance), 즉 성취다. 우리 사회는 업적이나 성취 결과로 상대를 판단하려는 경향이 강하다. 회사는 물론 단체와 조직에서도 지도자를 선택할 때 인격보다는 업적을 고려한다. 객관적이라는 이유로 우선 항목이 된 것이다. 하지만 성취 평가에서 밀린 사람은 기준에 못 미친 실패자라는 생각에 자존감이 떨어질 수밖에 없다.

과정도 중요하게 여기시는 하나님의 기준에서 볼 때 업적이나 성취는 사람의 존재 가치와 결코 동등한 자리에 놓일 수 없다. 뿐만 아니라 업적만으로 설명될 수 없는 소중한 원칙과 가치가 우리에게는 얼마나 많은가.

여섯째, '인기'(Popularity)다. 다른 말로 인정을 의미한다. 자신을 좋아해 주고, 인정해 주고, 무조건 지지해 주는 인기에 휩쓸리다 보면 우쭐해질 수 있다. 거품인 줄 알지 못하고 인기가 곧 자기 자신을 나타낸다고 착각할 수 있다. 그러다 보니 모든 사람이 자신을 좋아하고 기억해 주기 원하는 마음 때문에 인기에 연연하게 된다.

일부 연예인들이 인기라는 허상에 사로잡혀 대중이 수용할 수 있는 상식과 규범에서 벗어나는 잘못된 행동을 하게 되는 이유도 인기를 곧 자신으로 착각했기 때문이다. 요즘 '관심 종자'(대중의 관심을 받고 싶어 도를 넘는 행동을 하는 사람들)라는 말이 유행하는 것도 같은 맥락에서다.

인지도가 곧 자신의 존재 이유가 될 수는 없다. 자신의 진짜 모습을 잃어버린 채 연기 같은 인기를 좇는 일은 나로부터 멀어지는 길이다.

일곱째, '박사'(Ph.D), 즉 학력이다. 학벌이 곧 자기 자신이라고 생각하는 것이다. 고학력 추구는 우리 사회에 가장 만연해 있는 병폐 가운데 하나다. 출신 학교와 학위를 따지는 사회 분위기는 인맥을 만들어 내는 학군을 선호하게 하고, 가짜 학위로 신분을 세탁하게 한다. 그릇된 교육열이 병적인 집착으로 변해 심각한 사회 문제를 일으키기도 한다. 학력이 사람의 존재 가치를 모두 다 말해 줄 수는 없다.

나와의 만남을 가로막는 7P에 하나를 더 추가하고 싶다. 때로 그리스도인들은 출석하는 교회로 사람을 평가하는 경향이 있다. 출석 교회와 상대방을 동일하게 여긴다. 그래서 교회에 다니는 사람을 만나면 "어느 교회에 다니세요?"라고 질문한다. 여기에는 여러 가지 의미가 담겨 있다. 상대방이 어느 교회를 출석하는지가 궁금하기보다는 그가 다니는 교회의 규모와 배경을 확인하고 싶어 하는 것이다. 그래서 상대방이 지닌 신앙의 연륜과 깊이가 아닌 나름의 척도로 그를 평가한다.

그동안 우리는 외모, 소유, 지위, 권력, 업적, 인지도, 학력 등 7P로 사람을 평가하는 오류를 범해 왔다. 앞서 언급했듯, 이러한 요소들은 사람을 평가하는 진정한 판단 기준이 될 수 없다. 오히려 여기에 연연하면 진짜 자신의 모습을 잃어버리게 되고, 나와의 진정한 만남을 방해받을 수 있다. 세상의 기준에 미달된 자신의 모습을 보며 '그래, 나는 이 정도밖에 안 되지' 하면서 자신을 깎아내리게 된다. 여기서 그치지 않고 '나도 내가 싫은데 다른 사람은 오죽하겠어' 하며 관계도 단절시킨다. 당연히 늘 불평하고, 불안하고, 불만족스러운 '3불(不)'의 삶이 된다.

나와 진심으로 만나려면 세상의 기준을 과감히 벗어던져야 한다. 하나님이 바라보시는 나의 모습에 초점을 맞추고, 말씀을 통해 알게 된 자신과 만나야 한다.

비교하지 말라. 나는 나다

2015년, 영국의 공영방송 BBC가 부의 집중 현상을 명징하게 보여주는 사이트를 개설했다. 사이트에 접속하면 전 세계 사람들이 자신의 연봉과 세계적인 축구 스타 24명의 연봉을 비교할 수 있다. 축구계를 주름잡고 있는 크리스티아누 호날두(레알 마드리드), 리오넬 메시(바르셀로나), 웨인 루니(맨체스터 유나이티드)의 연봉이 고스란히 나와 있다.

연봉을 입력하는 계산 창에 출신 국가 이름을 입력하면 자동으로 해당 국가의 화폐단위로 바뀐다. 이제 연봉을 비교하고 싶은 축구 스타를 선택한 뒤 버튼을 클릭하면 수치가 나온다. 자신과 축구 스타의 연봉 차이를 한눈에 볼 수 있는 것이다. 이와 같은 계산기를 만든 이유는 부의 불균형을 비판하기 위함이라고 한다. 하지만 전 세계의 평범한 사람들이 자신의 초라한 연봉과 축구 스타들의 연봉을 비교하면서 느낀 괴리감은 엄청날 것이다.

그렇다면 실제로 연봉 차이가 얼마나 나는지 비교해 보자. 2015년 기준으로 한국인이 가장 잘 아는 호날두의 연봉은 약 227억 원이다. 우리나라 직장인의 평균 연봉은 국제노동기구(ILO)에 따르면 3,733만 1,900원이다. 한국의 평범한 직장인이 호날두의 연봉만큼 벌려면 580년의 노동 시간이 필요하다. 서기 1437년, 즉 세종대왕 19년부터 지금까지 일해야 간신히 호날두의 1년 연봉을 벌 수 있다는 뜻이다. 반면 호날두는 17분만 뛰어도 한국 직장인의 평균 주급을 벌 수 있다.

　이 비교 분석을 보면서 모두가 허탈감을 느꼈을 것이다. 재능과 능력이 없는 자신에 대한 한탄이 뒤섞여 스스로를 더욱 초라하게 만들었을 것이다.

　그러나 진정한 나를 만나려면 비교는 절대 불가(不可)다. 노래 가사 중에 "비교는 바보들의 놀이"라는 구절이 있다. 누군가와 자신을 비교하면 진정한 가치는 거울 뒤로 사라진다. 비교 대상만 크게 부각되어 자신은 잊게 된다. 그것이 비교가 지닌 무서운 힘이다.

　비교를 하다 보면 자존심이 상한다. 자존심은 자존감과 다르다. 자존심이 타인이 자신을 존중해 주었을 때 느껴지는 마음인 데 비해, 자존감은 자기 자신을 존중하는 힘이다. 자신을 신뢰하는 마음인 자존감이 높은 사람은 어떤 시련이나 문제에 부딪쳐도 스스로 일어설 수 있다. 그런데 비교는 자존감이 아닌 자존심을 상하게 만든다. 그래서 자가 치료를 어렵게 만든다.

　그렇다 보니 비교를 통해 영적인 상처도 입는다. 끊임없는 비교를 통해 자신의 존재 가치를 잃은 사람들은 복음의 희망도 품기 힘들어한다. 하나님은 우리를 귀하고 소중한 존재로 지으셨다. 창조주의 근원적인 생각을 무시하고 스스로의 존재 가치를 하찮게 여기는 사람이 어떻게 구원에 대한 확신을 가질 수 있겠는가.

　실제로 자신에 대해 확신이 없는 사람들과 만나 보면 스스로 하나님과의 관계를 차단시켜 놓는 모습을 볼 수 있다. 그들은 "하나님이 저를 버리신 것입니다", "저는 사랑받을 만한 자녀가 아닙니다"와 같은 자조 섞인 말을 읊조린다.

하나님은 우리를 누구보다 사랑스럽고 귀한 자녀로 창조하셨고, 이 땅에 살아갈 존재 가치를 우리에게 심어 주셨다. 그 사실 자체를 부정하는 것은 창조주이시자 주권자이신 하나님의 뜻을 저버리는 안타까운 일이다. 그러므로 비교를 버리고 누구보다 특별히 나를 창조하신 하나님을 바라보아야 한다. 하나님은 우리 한 사람 한 사람을 특별한 존재로 만드셨다.

우리의 새로운 자아의 값어치: 예수님짜리

어린 시절, 한때 곱슬머리 때문에 힘든 적이 있었다. 파마한 것처럼 끝이 꼬부라졌고, 개미를 집어넣으면 빠져나오지 못할 정도로 곱슬이 심했다.

그러던 어느 날 어머니의 친구분이 집에 오셨다. 당연히 나가서 인사를 드렸는데, 그분이 과장 섞인 어조에 몸짓까지 더해 이렇게 말씀하셨다.

"와! 백만 불짜리 머리다! 파마가 필요 없네?"

백만 불짜리 머리라는 그분의 말은 자칫 외모에 소심해질 수도 있던 어린 나에게 힘을 불어넣어 주었다. 그 일로 값비싼 헤어스타일을 간직하고 태어난 행운의 남자가 되어 유년 시절을 힘차게 보낼 수 있었다.

진정한 나를 만나는 과정은 의외로 쉽지 않다. 나의 경험담처럼 아무것도 아닌 외모 때문에 자신을 제대로 바라보지 못하기도 하고, 앞서 언급했던 세상의 기준 때문에 눈이 가려지기도 한다. 그러다 보면 실패작처럼 느껴져 하나님 앞에 투정을 부리게 된다. 하지만 주님은 우리가 진짜 자신을 만나기를 원하고 계신다. 그러려면 우리 모두 '예수님짜리 인생'이라는 사실을 기억해야 한다. 우리는 예수님의 인생과 바꾸어 구원을 얻었으니 진짜 예수님짜리 인생이다. 예수님짜리 인생으로 전환할 때 나와 제대로 만날 수 있다.

예수님의 제자인 베드로의 인생을 바라보자. 예수님을 만나기 전 베드로의 직업은 갈릴리 작은 시골 마을의 이름 없는 어부였다. 출신이 천하고, 배우지 못한 자신의 처지를 평생 비관하며 살아도 전혀 이상할 것이 없는 삶이었다.

그러나 예수님은 그를 고기를 낚는 어부가 아닌 '사람을 낚는 어부'로 부르셔서 그의 인생을 변화시키셨다. 세상적인 관점에서는 아무것도 아니었던 그는 예수님으로 인해 수많은 사람의 영혼을 변화시킨 엄청난 인물이 되었다. 이는 베드로 스스로의 노력과 능력이 아닌 예수님의 은혜로 된 것으로, 그야말로 예수님짜리 인생이다. 이처럼 진정한 나는 오직 예수님을 통해서만 만날 수 있다.

"말씀하시되 나를 따라오라 내가 너희를 사람을 낚는 어부가 되게 하리라 하시니"(마 4:19).

1장 "세상과의 만남"에서 언급했듯이, 하나님은 세상과 마주하는 우리가 어떤 존재인지를 분명히 하셨다. 성경은 사람들이 생각하는 내가 아니라, 스스로 생각하는 내가 아니라, 하나님이 이야기하시는 나의 존재감을 "나를 지으심이 신묘막측하심이라"(시 139:14)라는 표현으로 대신하고 있다. 또한 성경은 나를 지으신 하나님이 끝까지 돌보시며 어떤 존재로 살아가게 하시는지를 다양하게 말해 주고 있다.

"영접하는 자 곧 그 이름을 믿는 자들에게는 하나님의 자녀가 되는 권세를 주셨으니"(요 1:12).

우리는 하나님의 자녀이며 이 땅을 창조하신 하나님의 자녀가 되는 권세를 지닌 존재다. 하나님을 믿기만 하면 하나님의 자녀가 되도록 하셨으니, 믿음 안에 사는 우리에게는 창조주 하나님의 자녀라는 권세가 있는 것이다.

뿐만 아니라 우리는 하나님의 끝없는 사랑을 받고 있는 존재다. 우리를 향한 하나님의 사랑은 우리가 창조된 순간 시작되었다. 특히 로마서 5장 8절은 우리가 얼마나 소중한 존재인지에 대해 이야기함으로 하나님의 마음을 보여 준다.

"우리가 아직 죄인 되었을 때에 그리스도께서 우리를 위하여 죽으심으로 하나님께서 우리에 대한 자기의 사랑을 확증하셨느니라."

우리는 이처럼 하나님의 절대적인 사랑을 받는 귀한 존재다. 그러므로 그 특권을 부여받은 사람으로서 살아갈 권리가 있다. 세상을 볼 때 하나님의 눈으로 바라볼 수 있어야 하고, 모든 땅이 하나님이 우리에게 맡겨 주신 것임을 받아들여야 하는 것이다.

인생 여행에서 나와의 만남은 예수님 앞에 내가 어떤 존재인지를 깨닫는 과정이다. 나는 예수님짜리 인생이고, 하나님의 절대적인 사랑을 받고 있는 특별한 존재다. 이 존재감을 잊지 않고 산다면 나와의 만남에서 당당할 수 있다.

"너는 눈에 넣어도 아프지 않을 나의 귀염둥이, 나의 사랑이다. 그러니 어찌 해안 지방을 주고라도 너를 찾지 않으며 부족들을 내주고라도 너의 목숨을 건져 내지 않으랴!"(사 43:4, 공동번역).

이사야의 고백은 나와의 만남을 풍요롭게 만든다. 가장 귀한 사람을 한 글자로 표현하면 '나'가 되고, 두 글자로 표현하면 '또 나'가 되고, 세 글자로 표현하면 '역시 나'가 된다.

언제 봐도, 다시 봐도 가장 귀한 존재인 나를 만드신 하나님을 떠올릴 때 진정한 나와 만날 수 있다.

"그 후에 내가 내 영을 만민에게 부어 주리니 너희 자녀들이 장래 일을 말할 것이며 너희 늙은이는 꿈을 꾸며 너희 젊은 이는 이상을 볼 것이며"(욜 2:28).

꿈을 주시는 하나님, 꿈을 이루시는 하나님, 꿈꾸게 하시는 하나님은 그 꿈을 속히 이루겠다고 말씀하신다. 그러므로 우리는 하나님이 주시는 꿈을 구해야 한다. 마음이 뜨거워져서 행동하지 않고는 견디지 못하게 하는 꿈을 위해, 자신이 서 있는 자리에서 최선을 다해 한 걸음씩 나아가도록 인도하는 꿈을 위해 기도해야 한다.

3
인생 여행
꿈과의 만남

**하나님은 잊었던 꿈과의 만남을
다시 주선하시고 속히 이루신다**

어렸을 때 꿈이 무엇이었는가? 발레리나였는가? 혹시 돈을 많이 벌어서 이웃을 돕는 사람이 되거나 백마 탄 왕자님을 만나 행복하게 잘 사는 것이었는가?

"너는 커서 뭐가 될래? 네 꿈은 무엇이니?"

우리가 어렸을 때 늘 들었던 말이다. 1970-1980년대 어린이들의 장래 희망 1위는 대통령이었고, 그다음으로 과학자와 군인이었다. 1990년대의 장래 희망은 1위가 의사였고, 변호사, 교사가 그 뒤를 따랐다. 지금은 어떻게 바뀌었을까? 1위가 공무원, 2위가 연예인이라고 한다. 우스갯소리이지만 초등학교 2학년 아이에게 꿈이 무엇이냐고 물었더니 재벌 2세라고 했다. 안타깝게도 그 아이의 부모님은 평범한 직장인이었다. 세상물정 모르는 아이가 재벌 2세가 되려면 먼저 부모님을 재벌로 만들어야 하는 엄청난 사명을 이루어야 한다.

요즘 우리의 다음 세대인 청소년들과 어린이들까지 꿈과 희망을 추구하기보다는 안정된 직장에 안주하려고만 하는 안타까운 현실을 보게 된다. 진정한 꿈이 없는 세대를 생각할 때마다 아픈 가슴을 쉼 없이 달랜다.

여기서 꿈이란 비전, 이상, 목표, 마음의 소원을 이야기한다. 우리는 그 꿈이 꼭 이루어지기를 늘 바랐다. 지금도 아른거리며 마음 한구석에 고이 묻어 둔 내 마음의 꿈이다.

그런데 지금은 어떠한가? 차가운 현실에 부딪혔다. 이제 인생은 더 이상 누구나 바라는 장밋빛이 환히 빛나는 탄탄대로가 아니다. 어느덧 시간이 흐르고 정신을 차리고 보니 얼마나 많은 것이 바뀌었는지 모른다. 거울을 보면 탱탱하고 윤기가 흘렀던 피부가 지금은 화장품을 덧바르고도 별로 표가 나지 않는다. 누르면 쏙 들어가 다시 튀어나오지 않는 피부는 또 어떤가? 꽃다운 나이 청춘은 다 지나가 주름으로 새겨진 지 오래다. 그렇게 우리는 누구를 위해서 인생을 살고 있는지조차 모르고 세월의 흐름에 맡긴 채 살아간다.

지금까지 부지런히 애쓰며 열심히 살아왔지만 막상 꿈을 이루기 위해서는 제대로 한 일이 아무것도 없다는 사실을 발견하게 된다. 또한 "이 나이에 꿈은 무슨 꿈입니까! 사는 것만도 다행이지요", 또는 "하루하루가 전쟁 같아요. 먹고살기도 힘든데 꿈이라니요? 사치에 불과해요"라고 하며 손사래 치는 사람도 있다. 어떤 사람은 '내가 못 이룬 꿈을 자식들이 이루어 주지 않을까?' 하며 자녀들을 이렇게 꼬집어 보고, 저렇게 압박해 본다.

'3포 세대'(연애, 결혼, 출산 포기), '5포 세대'(내 집 마련, 인간관계까지 포기)라는 말이 이제는 일반화되었다. 이런 현실을 마주할 때마다 얼마나 서글픈지 모른다. 그 배경에는 기성세대로부터 내려온 물질만능주의가 지배하는 사회가 놓여 있음을 부인할 수 없다. 그래서 꿈과 희망까지도 포기한 '7포 세대'가 등장했다.

우리에게 소원을 두고 행하게 하시는 하나님

지금 당신은 꿈과 거리가 먼 인생을 살고 있는가? 꿈이 없는 삶, 그저 하염없이 흘러가는 시간에 인생을 맡기고 있지는 않은가? 슬픈 현실에 처한 우리 인생에 하나님은 꿈과의 만남을 다시 주선하고자 하신다. 꿈, 내 마음의 소원에 대해 하나님은 어떻게 말씀하시는가?

"너희 안에서 행하시는 이는 하나님이시니 자기의 기쁘신 뜻을 위하여 너희에게 소원을 두고 행하게 하시나니"(빌 2:13).

하나님은 우리 마음에 하나님의 뜻에 맞는 소원을 주시고, 그 일을 행하게 하신다. 하나님은 우리에게 주신 꿈을 이루기 원하신다.

잠언은 꿈에 관해 이렇게 말한다.

"묵시가 없으면 백성이 방자히 행하거니와 율법을 지키는 자는 복이 있느니라"(잠 29:18).

'묵시'를 다른 번역 성경은 '꿈'으로 기록하고 있다. 꿈이 없으면 백성이 방자히 행하게 된다. 꿈이 없으면 나아갈 방향이 보이지 않고, 목표가 없으며, 에너지가 없다. 삶을 흘려버리듯 제멋대로 살아가게 된다고 성경은 우리에게 경고한다.

반면 하나님은 우리에게 이렇게 말씀하신다.

"그 후에 내가 내 영을 만민에게 부어 주리니 너희 자녀들이 장래 일을 말할 것이며 너희 늙은이는 꿈을 꾸며 너희 젊은이는 이상을 볼 것이며"(욜 2:28).

성령을 부으시고 꿈을 주시겠다는 약속이다. 특히 하나님은 나이와 상관없이 꿈꿀 수 있는 이유에 대해 말씀하셨다. 이렇듯 하나님은 꿈과의 만남을 계획하시고, 원하신다.

당신은 지금 어떤 꿈을 꾸고 있는가? 현실에 지쳐 꿈을 잊었거나 잃어버린 것은 아닌가? 우리는 꿈꾸는 자가 되어야 한다. 제대로 된 꿈, 하나님이 부어 주시는 성령이 함께하시는 꿈을 기대해야 한다. 그 꿈과 구체적으로 만나 보자.

'왜(Why)?'가 있는 꿈은 하나님의 사인이다

성공한 이들의 이야기를 들어 보면 하나같이 공통점이 있다. 그들은 꿈이 자신을 이끌었다고 말한다. 요셉도 그 부류에 속한다. 꿈의 사람 요셉의 이야기는 매우 감동적이고 드라마틱하다. 파란만장한 인생 여정을 헤쳐 나간 그의 믿음의 발자국도 그렇지만, 무엇보다 삶 전체를 관통하는 꿈이 그의 이야기를 더욱 빛나게 한다. 더욱 중요한 사실은 요셉의 꿈이 자신으로부터 시작된 것이 아니라는 데 있다.

요셉의 꿈은 전적으로 하나님께로부터 왔다. 꿈꾸는 요셉은 그 꿈으로 살아갔다. 요셉은 어린 시절부터 꿈 때문에 많은 고생을 했다. 그런데도 단 한 번도 하나님을 원망하거나 삶을 포기하지 않았다. 오히려 꿈꾸는 자로서 자부심과 자긍심을 안고 살았다. 이처럼 하나님이 주시는 꿈은 곧 우리의 자부심이 된다.

우리가 바라는 꿈도 하나님이 주시는 꿈이어야 한다. 우리는 하나님이 우리의 삶을 통해 이루기 원하시는 바를 반드시 성취하겠다는 거룩한 부담감을 느껴야 한다. 물론 하나님이 우리에게 막연한 것을 요구하시지는 않는다. 힘들고 어려운 현실 때문에 패배 의식에 사로잡히는 것이 아니라 모든 환경을 뛰어넘게 하시는 하나님을 바라보도록 하신다. 또한 '무엇'이라는 행동 양식이 아닌 '왜'라는 의미와 가치를 부여하신다.

시골에 살면서 저축을 많이 하는 사람이 있었다. 어찌나 알뜰한지 5,000만 원을 저축해서 저축 왕으로 상을 받게 되었다. 한 기자가 그를 인터뷰하며 질문했다.

"정말 축하합니다. 저축 왕이 되셨는데요, 다음에 이루고 싶은 꿈은 무엇입니까?"

"1억 원을 저축하는 것입니다."

아마 그의 꿈은 평생 저축액을 늘려 가는 것이 아닐까 싶다. 물론 그것도 좋은 목표일 수 있다. 하지만 아름다운 꿈으로 보기에는 알맹이가 빠져 있다. 만약 하나님이 주신 꿈이라면 "왜(Why)?"라는 질문에 대한 성찰이 있었을 것이다. 저축 왕이 하나님이 주신 꿈이었다면, 그는 저축한 금액을 어려운 이웃에게 나누어 주거나 정말 도움이 필요한 선교지에 사용하려는 목적이나 방향을 생각했을 것이다. 그러나 그는 그렇지 못했다.

희망 없는 세대의 모습을 잘 그려 내고 있는 한 유명한 웹툰 작가가 있다. 그의 웹툰이 많은 사람에게 위로가 되다 보니 여기저기 강의를 다니며 사람들과 만나고 있는데, 그는 이 시대 대부분의 사람이 '꿈=직업'으로 생각하는 것이 너무도 안타깝다고 말했다.

"꿈은 돈을 버는 직업이 아닙니다. 그렇게 생각하고 있는 현실이 참 안타깝습니다. 가령 무슨 일을 하는 것이 꿈이라 할지라도, 돈보다 그 무엇을 하고자 하는 직업인이 될 때 생명력이 생기기 때문입니다. 자신이 왜 그 일을 해야 하는지, 그 일을 통해 무엇을 하고 싶은지 생각할 때 꿈이 더 꿈다워지는 것이 아닐까요?"

하나님이 허락하신 꿈은 '왜'를 생각하게 한다. '어떻게' 될 것인지, '무엇'을 할 것인지를 생각하기에 앞서 왜 해야 하는지를 생각하게 함으로써 정체성을 회복하고 유지할 수 있는 힘을 공급해 준다. 그러므로 자신에게 일어나는 꿈을 향한 소망을 점검할 때 왜 이 꿈이 생겨났는지에 대답할 수 있다면 하나님의 사인이라고 여겨도 좋다.

마음을 뜨겁게 하는 꿈, 당신은 찾았는가?

한 노인이 송어 낚시를 하고 있었다. 지나가던 한 청년이 분주하게 손을 놀리는 노인의 모습을 보게 되었다. 그는 노인을 유심히 지켜보다가 노하우가 보통이 아니라는 것을 알게 되었다. 다른 이들은 번번이 실패하는 반면, 노인만은 송어를 아주 쉽게 많이 낚는 것이 여간 신기하지 않았다. 청년은 노인에게 다가가 물었다.

"어르신은 낚시를 참 잘하시는군요. 어떻게 하면 그렇게 잘할 수 있습니까?"

기분이 좋아진 노인은 청년에게 비결을 일러주었다.

"비결은 간단하네. 첫째, 한눈을 팔지 말 것, 둘째, 미끼를 잘 사용할 것, 셋째, 인내를 가지고 기다릴 것, 그리고 마지막 넷째, 적당한 기회가 왔을 때 절대 놓치지 말 것일세."

노인은 여기까지 말하고 나서 다시 낚싯대를 잡으려다 말고 다음 말을 덧붙였다.

"아, 그런데 한 가지 더 추가할 중요한 비결이 있네. 바로 앞의 네 가지 비결을 그대로 실천하는 것이라네. 그러면 누구나 낚시를 잘할 수 있지."

간단하든 복잡하든 비결을 아는 것은 중요하지 않다. 그대로 적용할 수 있는 실천이 무엇보다 중요하다. 하나님이 주시는 꿈은 실천력을 갖도록 만들 뿐 아니라 마음을 뜨겁게 한다. 마음의 소원이 되어 행동하지 않으면 견딜 수 없게 만든다.

예를 들어 '자녀들이 잘됐으면 좋겠다'라는 것은 자녀들을 향한 꿈이다. 하지만 하나님이 주시는 꿈은 '자녀들이 잘되기 위해 나는 어떤 부모가 되어야 하는가?'를 생각하게 한다. 그러므로 하나님이 주신 꿈인지 알기 위해서는 '하나님은 내가 꿈을 이루기 위해 무슨 일을 하기 원하시는가?'라고 질문해야 한다. 이 질문에 답할 때 비로소 하나님이 함께하신다.

예수님의 십자가 사건이 있고 난 뒤의 일이다. 엠마오로 향하던 두 제자가 있었다. 그들은 예수님이 십자가에서 돌아가신 후 사실상 방황하고 있었다. 꿈이요 희망이 되셨던 예수님을 잃었다는 생각에 희망을 포기한 채 엠마오로 가던 중 예수님이 그들 앞에 나타나셨다. 당연히 그들은 부활하신 예수님이라고는 생각도 못했다. 그런데 그때 예수님이 그들에게 새로운 꿈을 주셨다. 함께 마을로 들어가 거하시며 말씀을 풀어 주셨고, 떡도 떼며 그들의 마음을 열어 주셨다.

"그들이 서로 말하되 길에서 우리에게 말씀하시고 우리에게 성경을 풀어 주실 때에 우리 속에서 마음이 뜨겁지 아니하더냐 하고 곧 그때로 일어나 예루살렘에 돌아가 보니 열한 제자 및 그들과 함께한 자들이 모여 있어 말하기를 주께서 과연 살아나시고 시몬에게 보이셨다 하는지라 두 사람도 길에서 된 일과 예수께서 떡을 떼심으로 자기들에게 알려지신 것을 말하더라"(눅 24:32-35).

마음을 뜨겁게 하신 예수님으로 인해 엠마오로 가던 두 제자는 부활신앙을 되찾았다. 어둡고 절망적인 마음에서 벗어나 사람들에게 예수님을 전파하는 사명자로서의 꿈을 찾은 것이다. 그렇게 그들은 뜨겁게 실천하는 자들로 벌떡 일어났다. 그러므로 우리는 주님께 마음을 뜨겁게 하는 꿈을 구해야 한다. 그리고 자신이 그 꿈을 향해 움직이고 있는지 살펴보아야 한다. 성경은 꿈을 향한 수고, 꿈을 향한 행동이 필요하다고 말한다.

"우리가 선을 행하되 낙심하지 말지니 포기하지 아니하면 때가 이르매 거두리라"(갈 6:9).

하나님이 주시는 꿈은 뜨거운 소원을 동반한다. 그래서 행동하지 않으면 견딜 수 없을 정도로 강한 실천력이 발휘된다. 우리는 포기하지 않으면 때가 되어 거두게 하시는 하나님의 때를 기다리며 실천해야 한다.

일상에서 하나씩, 조금씩 꿈에 가까이 다가가라

『안데르센 동화』에 이런 이야기가 있다. 한 소녀가 소젖을 짠 항아리를 머리에 얹고 장에 가고 있었다. 그녀는 가면서 이런 생각을 했다.
'소젖을 팔아 병아리를 사고, 병아리를 닭으로 키우고, 닭을 팔아 소를 사고, 그러다 보면 큰 목장을 갖게 되겠지? 그러면 멋진 청년이 와서 내게 청혼할 거야. 그때 멋지게 싫다고 거절하는 거야. 코를 납작하게 만들어 주자. 하하!'
그런데 소녀의 꿈은 한순간 물거품이 되고 말았다. 싫다며 고개를 절레절레 흔들다가 그만 항아리를 놓쳐 와장창 깨뜨렸기 때문이다. 아무

래도 꿈이 너무 앞서 나갔다.

　꿈을 꾸고 장래에 대해 그림을 그리는 일은 반드시 필요하다. 하지만 소녀처럼 너무 앞서 나가거나 아무것도 하지 않은 채 제자리에 머물러만 있으면 허황된 환상으로 끝나 버린다. 하나님이 주시는 꿈은 우리가 너무 서두르거나 아무것도 하지 않도록 놔두지 않는다. 하나님은 우리로 하여금 한 걸음씩 꿈을 향하도록 일을 해나가신다. 그 꿈을 이루어 갈 수 있는 힘도 주신다.

　애굽의 노예에서 총리의 자리에 오른 요셉의 이야기를 살펴보면 하나님이 그에게 주신 꿈을 단계대로 이루어 가셨다는 것을 알 수 있다. 마치 나락으로 떨어진 것처럼 보였지만, 요셉은 낮아진 자리에서 절망하지 않고 하나님의 꿈을 붙들고 천천히 나아갔다. 맡은 자리에서 최선을 다했고, 만나는 이에게 충성을 다해 마음을 얻어 냈다. 그러자 하나님은 요셉을 다음 단계로 올려 종들의 총책임자가 되게 하심으로 더 큰 세상과 만나게 하셨다.

　그리고 다음 단계로 나아가는 과정에서 유혹을 뿌리칠 수 있는 강인한 의지와 믿음을 견고하게 만드셨고, 감옥에 갇힌 순간에도 절망보다는 꿈을 붙들고 희망을 품게 하셨다. 이렇듯 하나님은 단계대로 그를 단련하셨고, 인도하셨고, 총리의 자리에 오르게 하셨다.

　흔히 하나님의 꿈 하면 멀리 있는 것을 생각한다. 때때로 엄청난 것을 떠올린다. 그런데 성경은 우리가 꾸는 꿈이 삶의 현장에서 하나씩 이루어진다고 말한다. 조금씩 꿈에 가까이 다가가는 것이다. 저 멀리 아프리카 땅에 가서 세계 평화를 위해 헌신하겠다는 각오보다, 자신이 서 있는 곳에서 하나님이 주시는 꿈을 향해 한 걸음씩 나아가는 것이 어쩌면 진정한 꿈일 수 있다. 시간이 지나고 때가 되면 우리는 지나온 길을 돌아보며 이렇게 고백하게 될 것이다.

"그래, 내 삶에서 가장 보고 싶었던 것은 바로 이것이었어! 이 순간을 위해 내가 그토록 수고하고, 마음을 다해 걸어온 것이었어!"

이것이 바로 하나님이 원하시는 꿈이다. 하나님의 꿈은 원대하다. 그러나 동시에 일상적이다. 우리가 서 있는 자리에서 한 걸음씩 이루어 가는 꿈도 하나님이 원하시는 길임을 우리는 잊어서는 안 된다.

"그 작은 자가 천 명을 이루겠고 그 약한 자가 강국을 이룰 것이라 때가 되면 나 여호와가 속히 이루리라"(사 60:22).

당신의 꿈은 무엇인가? 나를 움직이는 꿈, 나에게 힘이 되는 꿈, 가장 간절한 꿈은 무엇인가? 어린 시절 꾸었던 꿈과 현재 꾸고 있는 꿈은 무엇인가?

예수님은 우리로 하여금 꿈꾸게 하신다. 보지 못하는 자에게 보는 꿈을 주시고, 듣지 못하는 자에게 듣는 꿈을 주시고, 배고픈 자에게 배부른 꿈을 주신다.

꿈을 주시는 하나님, 꿈을 이루시는 하나님, 꿈꾸게 하시는 하나님은 그 꿈을 속히 이루겠다고 말씀하신다. 그러므로 우리는 하나님이 주시는 꿈을 구해야 한다. 마음이 뜨거워져서 행동하지 않고는 견디지 못하게 하는 꿈을 위해, 자신이 서 있는 자리에서 최선을 다해 한 걸음씩 나아가도록 인도하는 꿈을 위해 기도해야 한다.

지금까지 나를 위해 꾸었던 꿈, 남과 비교하며 우위를 점하고 으쓱대려고 품었던 꿈, 또는 더 이상 미래가 없다며 내려놓았던 꿈은 모두 버리고 하나님이 주시는 꿈을 그려 보자. 하나님이 주시는 꿈은 결코 환경에 좌우되거나 소멸되지 않는다. 그 꿈과 만나자.

"사람이 친구를 위하여 자기 목숨을 버리면 이보다 더 큰 사랑이 없나니"(요 15:13).

예수님이야말로 우리의 친구가 '되어 주신 분'이다. 주님은 홀로 죽음의 길로 걸어가던 우리의 외로운 여정에 찾아오셨다. 그분은 우리와 함께 걷기 위해 가장 높은 곳에서 지극히 낮은 곳으로 내려오셔서 "나는 너의 친구라"라고 말씀하신다. 온 세상이 나를 버린다 할지라도 우리는 외롭지 않다. 영원한 삶의 동행자가 되어 주시는 예수님이 지금도 나와 함께하시기 때문이다.

**예수님은 거침없이 달려와
"너는 내 친구라" 말씀하신다**

영국의 한 출판사에서 상금을 내걸고 친구에 대해서 정의하는 공모전을 개최했다. 그러자 친구에 대한 정의를 내린 수천 통의 엽서들이 접수되었다. 다음은 그중에 선발된 글이다.

+ 친구란 기쁨은 곱해 주고, 고통은 나눠 주는 사람이다.
+ 친구란 우리의 침묵을 이해해 주는 사람이다.
+ 친구란 언제나 정확한 시간을 가르쳐 주고, 멈추게 해주는 시계다.
+ 친구란 많은 동정을 베풀어서 그 동정의 옷을 입고 있는 사람이다.

과연 1등을 차지한 글은 무엇이었을까? 1등으로 뽑힌 친구의 정의는

'온 세상 사람이 내 곁을 떠났을 때 나를 찾아오는 사람'이었다.

인생의 만남 가운데 빼놓을 수 없는 것이 친구와의 만남이다. 언제나 함께할 것만 같은 친구는 존재 자체로 기분이 좋아지게 한다.

하지만 어떻게 생각하면 애매하다. 시간을 많이 보내기는 했으나 친구는 아닌 경우도 많기 때문이다. 사진을 찍을 때는 무척 친한 척했는데 막상 누군가가 둘이 친하냐고 물어보면 '별로'인 관계도 많지 않은가? 게다가 SNS가 보편화되면서 우리는 얼마나 많은 '친구'를 가지고 있는지 모른다. 수많은 친구가 '좋아요'를 클릭하지만 사실 그들이 누군지 다 알지도 못한다. 많은 친구가 신청되고 있지만 여전히 '내 친구는 과연 누구인가?'를 고민하게 된다.

어떤 사람은 '어릴 때부터 같이 놀며 자란 벗'이라는 의미의 '죽마고우'(竹馬故友)를 다른 버전으로 해석했다. '죽'치고 '마'주 앉아서 '고'스톱 치는 '우'정! 우리는 그만큼 격의 없이 지낼 수 있는 친구가 그리운 것이다.

그러나 한편으로는 친구의 의미가 모호해지는 사회적 분위기 속에서 그리스도인들은 친구와의 만남을 어떻게 맞이해야 할까? 우리의 친구가 되신 예수님을 통해 진정한 친구의 의미를 새롭게 할 필요가 있다.

좋은 친구는 얻는게 아니라 되어 주는 것이다

우리는 늘 친구를 그린다. 마음이 울적할 때 저녁 강물 같은 벗, 날이

저물 때 마을 산을 땅에 옮겨 놓는 그리매(전라도 방언으로, '그림자')처럼 어둑해지는 나의 그림자를 안고 조용히 흐르는 강물 같은 친구 하나가 간절하다. 듣기만 해도 왠지 마음이 따뜻해지고, 훈훈해지고, 든든한 느낌마저 드는 단어, 바로 친구다. 물론 여기서 말하는 친구는 좋은 친구를 의미한다.

그렇다면 좋은 친구란 어떤 친구를 말하는 것일까?

첫째, 좋은 친구는 나를 잘 안다. 옛말에 친구를 가리켜 '지기'(知己)라고 했다. '알 지'(知) 자에 '자기 기'(己) 자를 붙여서 '나를 잘 아는 사람'을 의미한다. 한마디로 친구란 내 말을 잘 들어 주는 사람이다. 그는 내가 어떤 이야기를 할 때 한 귀로 듣고 한 귀로 흘려버리지 않고 귀 기울여 집중해서 들어준다.

둘째, 좋은 친구는 나를 정죄하지 않는다. 사람들이 손가락질하고 이상한 눈으로 바라보는 순간에도 친구는 나를 기다려 준다.

셋째, 좋은 친구는 무엇인가 얻어 내려는 계산을 하지 않기에 아부하지 않고, 마음에 없는 말을 입에 담지도 않는다. 그래서 옆에서 같이 울어 준다. 나의 슬픔과 아픔과 고통을 함께 감당해 준다. 때로는 침묵으로 곁에 있어 주며, 아무 말도 하지 않아도 위로가 된다. 남들이 어떻게 생각할지 모르는 순간에도 "잘했어", "멋있었어", "괜찮아", "훌륭했어"라고 격려해 주기 때문에 우리는 마음을 새롭게 할 수 있다.

넷째, 좋은 친구는 내 편이 되어 준다. 누가 뒤에서 나에 대해 이상한 이야기를 하면 "아니, 그렇지 않아!"라고 하며 적극적으로 보호해 준다.

이처럼 좋은 친구란 때로는 침묵으로 위로해 주고, 때로는 응원으로 격려해 주고, 때로는 방패막이가 되어 주는 나의 편, 나의 지기다. 그래서 누구나 좋은 친구를 얻기 원하고, 친구를 많이 만들어야 한다고 말한다. 하지만 어떻게 좋은 친구를 만날 수 있을까?

여기서 한 가지 중요한 사실이 있다. 좋은 친구는 찾는 것이 아니라 내가 먼저 되어 주는 것이다. 우리의 친구가 되었다고 하시는 예수님의 말씀을 보면 알 수 있다. 다른 누구보다 예수님이야말로 우리의 친구가 '되어 주신 분'이다. 주님은 홀로 죽음의 길로 걸어가던 우리의 외로운 여정에 찾아오셨다. 그분은 우리와 함께 걷기 위해 가장 높은 곳에서 지극히 낮은 곳으로 내려오셔서 "나는 너의 친구라"라고 말씀하신다. 온 세상이 나를 버린다 할지라도 우리는 외롭지 않다. 영원한 삶의 동행자가 되어 주시는 예수님이 지금도 나와 함께하시기 때문이다.

> "너희를 친구라 하였노니 내가 내 아버지께 들은 것을 다 너희에게 알게 하였음이라 너희가 나를 택한 것이 아니요 내가 너희를 택하여 세웠나니"(요 15:15-16).

이 말씀을 읽으며 과연 우리가 예수님의 친구가 될 자격이 있는지 의문이 들 수도 있다. 하지만 걱정하지 않아도 된다. 예수님이 우리를 선택하셨고, 우리는 그저 친구가 되어 주면 되는 것이다.

다음은 이철환 작가의 "축의금 만 삼천 원"이라는 글이다.

〈축의금 만 삼천 원〉

오래 전 나의 결혼식 날이었다. 결혼식이 다 끝나도록 친구 형주의 얼굴이 보이지 않았다. 고개를 갸웃거리며 예식장 로비에 서서 친구를 찾았지만 친구는 끝끝내 보이지 않았다. 바로 그때 친구 아내가 토막 숨을 몰아쉬며 예식장 계단을 급히 올라왔다. 고속도로가 너무 막혀서 여덟 시간이 넘게 걸렸다고, 예식이 다 끝나 버려서 어쩌냐고, 친구 아내가 안타까운 표정을 지으며 말했다. 그녀의 이마에 땀방울이 송골송골 맺혀있었다. 친구 아내가 내게 말했다.

"석민이 아빠는 오늘 함께 오지 못했어요. 석민이 아빠가 이 편지 전해 드리라고 했어요."

친구 아내는 말도 맺기 전에 눈물을 글썽였다. 엄마의 낡은 외투를 덮고 등 뒤의 아기는 곤히 잠들어 있었다. 친구가 보낸 편지엔 이렇게 적혀 있었다.

철환아, 나 형주다. 나대신 아내가 간다. 하루를 벌어 하루를 먹고 사는 리어카 사과장사이기에 이 좋은 날 너와 함께할 수 없어 마음 아프다. 하루라도 사과를 팔지 않으면 우리 가족은 내일을 걱정해야 한다. 살다 보면 정말 그럴 수밖에 없는 날이 있잖아……. 네가 이해해주렴. 어제는 아침부터 늦은 밤까지 사과를 팔았다. 온종일 거리에 서서 추위와 싸운 돈이 만 삼천 원이다. 하지만 힘들다는 생각은 들지 않는다. 아지랑이 피어오르던 날, 흙 속을 뚫고 나오는 푸른 새싹을 바라보며 너와 함께 희망을 노래했던 푸른 시절이 내겐 있으니까. 우리에겐 하나님이 계시니까 슬프지 않았다. 눈물을 글썽이며 이 글을 쓰고 있지만 마음은 기쁘다. 아내 손에 사과 한 봉지 들려 보낸다. 지난밤 노란 백열등 아래서 제일로 예쁜 놈들만 골라냈다. 신혼여행 가서 먹어라. 친구여, 오늘은 너의 날이다. 이 좋은 날 너와 함께할 수 없음을 마음 아파해 다오. 나는 항상 너와 함께 있다.

-해남에서 형주가

편지와 함께 들어 있던 만 원짜리 한 장과 천 원짜리 세 장……. 뇌성마비로 몸이 불편한 내 친구가 거리에 서서 한겨울 추위와 바꾼 돈이었다. 마음이 아파 아무 말도 할 수 없었다. 친구 아내가 건네준 사과봉지에서 사과 하나를 꺼냈다. 애써 슬픔을 누르고 사과를 한 입 베어 물었다. 왜 자꾸만 눈물이 나오는 것일까……. 새 신랑이 눈물 흘리면 안 되는데……. 다 떨어진 구두를 신고 있는 친구 아내가 마음 아파할 텐데……. 멀리서도 나를 보고 있을 친구가 마음 아파할까 봐, 엄마 등 뒤에서 잠든 아기가 마음 아파할까 봐, 나는 태연한 척 창밖을 바라보았다. 하지만 참으려 해도 울음은 참아지지 않았다. 어깨를 들썩이며 울었다. 사람들 오가는 예식장 로비 한 가운데 서서.

-『연탄길』,『예수 믿으면 행복해질까』 저자 이철환 글-

지금도 예수님은 우리에게 다가와 속삭이신다.

"너는 나의 친구란다. 네가 나를 선택한 것이 아니라 내가 너를 선택했단다."

우리도 이 말씀에 힘입어 친구가 되어 주면 된다.

예수님은 우리에게 종이 아니라 친구라고 선포하셨다

제1차 세계대전 때 전쟁터에서 있었던 실화다. 절친한 친구 둘이 참전했다. 그런데 전쟁 중에 갑자기 부대가 후퇴하게 되었다. 그때 그만 한 친구가 후퇴하는 대열에 끼지 못하고 적진에 혼자 남겨지게 되었다. 부대에 돌아오고 나서야 그 사실을 알게 된 나머지 친구는 대장을 찾아가 이야기했다.

"대장님, 저는 지금 친구를 구하기 위해 가야 합니다. 저를 보내 주십시오."

대장은 바보 같은 소리 하지 말라며 호통을 쳤다.

"총알이 비 오듯 쏟아지는 저곳에 네가 간다고 친구를 구할 수 있을 것 같아? 구하기는커녕 너조차 개죽음을 당할 거야! 말도 안 되는 소리하지 마!"

 하지만 그는 친구를 구하기 위해 대장 몰래 총을 들고 혼자 적진으로 뛰어들었다. 마침내 빗발치는 총알을 피해 가까스로 친구를 구해 부대로 돌아왔다. 하지만 친구는 돌아오는 중에 총에 맞아 세상을 떠났고, 그 역시 총 몇 발을 맞아 피범벅이 되었다. 그 모습을 본 대장이 화가 나서 소리를 질렀다.

 "친구를 구하기는커녕 너도 죽게 되었는데 구하러 간 것이 무슨 의미가 있어!"

 그때 피투성이가 된 그가 대장에게 이야기했다.

 "저도 잘 알고 있습니다. 그러나 의미가 있었습니다. 제가 친구를 구하러 갔을 때 그가 제게 이렇게 이야기했기 때문입니다. '네가 올 줄 알았어.'"

 진정한 친구는 믿어 준다. 죽음의 그림자가 드리워졌을지라도 끝까지 친구가 구하러 올 것이라 기다리는 믿음, 총알이 빗발치는 죽음의 현장일지라도 친구가 기다리는 곳으로 달려가는 믿음, 이 믿음이야말로 진정한 친구 관계를 이어 주는 유일한 끈이다.

 예수님은 믿음으로 엮인 친구의 모습을 보여 주셨다. 우리에게 종이 아니라 친구라고 선포하신 것이다. 그리고 친구 되신 예수님은 우리의 구원을 위해 대신 십자가에 달려 돌아가셨다. 총알받이가 된 위험하고 참혹한 땅 한가운데 서서 서성이는 나를 향해 예수님은 거침없이 달려와 주셨고, 그 사랑으로 우리를 종의 신분에서 자녀의 신분으로 변화시켜 주셨다. 이 사랑이야말로 세상의 그 어떤 우정과도 비견할 수 없는 진정한 우정이 아닐까? 그러므로 우리는 예수님과의 우정 앞에 변하지 않는 믿음으로 서야 한다.

"이제부터는 너희를 종이라 하지 아니하리니 종은 주인이 하는 것을 알지 못함이라 너희를 친구라 하였노니 내가 내 아버지께 들은 것을 다 너희에게 알게 하였음이라"(요 15:15).

예수님이 우리에게 종이 아니라 친구라 하신 이유가 있다. 종은 비밀을 나누는 친구와 달리 주인이 하는 일을 모두 알지 못한다. 그런데 사실 우리가 예수님의 종이 되는 것은 하나도 이상하지 않다. 심지어 종이 되는 것조차 자격이 있을지 의문이 든다. 그런데 예수님은 우리를 친구로 불러 주신다. 예수님은 당신의 비밀을 나누고 모든 것을 솔직히 이야기하는 믿음의 관계를 원하신다. 그리고 그 모습을 보이셨다.

자기 모습 그대로, 힘들고 어려운 상태조차 있는 그대로 내놓을 수 있는 상대가 바로 친구다. '나에 대해 어떻게 생각할까?' 등 사람들의 평가와 판단이 두려워 나누지 못했던 이야기조차 친구에게는 터놓고 말할 수 있다. 진정한 친구란 믿어 주는 관계다.

진실로 친구를 사랑한다면

미국 남북전쟁 때 있었던 일이다. 군인이 부족해 마을의 청년들이 징집되어 전쟁터에 나가게 되었다. 그중에 한 장정은 봉양할 연로한 부모님도 있고 아내도 있기에 가족을 두고 전쟁터에 나가는 것이 여간 어려운 일이 아니었다. 그때 그의 절친한 친구가 나섰다. 친구는 가족이 없었고 결혼을 하지 않은 상태였다. 그의 징병 사실을 알게 되자 자신이 대신 전쟁터에 나가겠다고 나선 것이었다.

사랑하는 친구를 자기 대신 전쟁터에 내보낸 그는 얼마나 마음이 힘들고 가슴을 졸였는지 모른다. 신문에서 들려오는 소식에 귀를 기울이면서 친구의 안전을 기도했다.

그러던 어느 날 신문을 통해 비보를 접했다. 친구가 있던 전장에 전투가 일어났고 많은 전사자가 발생했다는 소식이었다. 그리고 그는 사망자 명단에서 친구의 이름을 발견했다. 전쟁 후 친구의 시신을 찾아와 장례를 치러 주었고, 묘비명에 이렇게 썼다.

"네가 나를 위해 죽었다."

죽음마저 대신한 친구의 안타까운 사연이다.

인생 여행에서 우리는 많은 친구와 만난다. 중요한 것은 예수님과 같이 우리가 먼저 좋은 친구가 되어 주고 믿을 수 있는 관계를 유지하기 위해 노력해야 한다는 것이다.

또한 희생도 감내하는 사랑이 전제될 때 그 우정은 더욱 빛을 발한다. 우리의 친구 되신 예수님이 자신의 목숨을 내어놓으며 우리를 구원하셨던 것처럼 말이다.

"사람이 친구를 위하여 자기 목숨을 버리면 이보다 더 큰 사랑이 없나니"(요 15:13).

예수님은 이렇게 말씀하시면서 두 팔을 벌리셨다. 그리고 친구인 우리를 대신해서 십자가에 달리셨다.

예수님의 희생적인 사랑의 모습에서 인생 여행 중 만나게 될 친구를 향한 사랑을 떠올리기 바란다. 꼭 목숨을 내어놓는 희생만을 말하는 것이 아니다. 희생에는 여러 의미가 있다. 친구가 영원한 생명을 얻도록 섬기는 것 역시 희생을 감수한 우정이라 할 수 있다.

교회에 첫 발걸음을 내디딘 이들에게는 공통점이 있다. 바로 친구다. 그렇게 가기 싫다는데도 1년, 5년, 때로 10년 전부터 계속해서 기회가 있을 때마다 "교회에 가 보자" 하고 졸라 대는 친구 말이다. 그 친구는 교회에 안 가겠다고 거절할 때마다 진지하게 말한다.

"제발 한 번만!"

이런 친구야말로 진정한 친구가 아닐까? 정말 친구를 사랑한다면 자기에게 정말 좋은 친구를 소개하고 싶어 하기 마련이다.

"친구야, 네가 그동안 힘들고 어려운 것 내가 다 봐 왔어. 내가 알아. 그래서 내가 아는 그 친구를 너도 알았으면 좋겠다."

그 친구란 바로 예수님이시다. 성경을 보면, 예수님이 친구에 대해 말씀하시는 내용이 나온다. 주님은 전능하시고 광대하신 분이기도 하지만 우리를 향해 다정다감한 목소리로 "친구야!" 하고 부르신다.

좋은 친구가 되고자 한다면 영원한 벗, 가장 좋은 친구를 소개해 주어야 한다. 자신이 만난 가장 좋은 친구를 소개해야 하지 않겠는가? 좋은 친구 되신 예수님을 단 한 번도 친구로 만난 적이 없는 자에게 만남의 자리를 주선해 주어야 한다. 그때 우리를 통해 친구는 마음의 문을 열게 될 것이다. 그리고는 친구로 다가오시는 예수님, 자기의 모든 것을 주시고 십자가에서 피 흘리기까지 사랑하신 예수님을 생명의 친구로 만나게 될 것이다. 친구의 친구가 비로소 진짜 친구가 되는 것이다.

"예물을 제단 앞에 두고 먼저 가서 형제와 화목하고 그 후에 와서 예물을 드리라"(마 5:24).

 갈등을 해결하는 과정에서 지혜는 필수다. 갈등은 얽히고설킨 관계에서 벌어지는 감정 싸움이다. 도저히 풀릴 것 같지 않게 얽혀 있기에 사람의 힘으로 풀어내려다가 오히려 더 꼬이게 만들 수 있다. 이때 갈등에서 벗어나기 위한 영순위는 지혜를 구하는 것이다. 사람의 지혜가 아닌 하나님의 지혜가 임해야 한다. 그 지혜는 '진실한 기도'라는 고백 속에 임한다.

5
인생 여행
갈등과의 만남

**하나님은 갈등을 뒤집어
선으로 전환하신다**

'갈등'(葛藤)은 '칡'(葛)과 '등나무'(藤)를 빗댄 한자어다. 칡과 등나무는 나무를 타고 올라가는 성질이 있는데, 칡은 오른쪽으로, 등나무는 왼쪽으로 타고 올라가기 때문에 서로를 조르면서 얽히고설키게 된다. 서로 방향이 다르기 때문에 엉킨 것을 그만큼 풀기 어렵다는 의미다.

갈등은 가까운 관계에 있는 사람들 사이에서 생기는 마음이다. 친한 친구, 직장 동료 사이에 많이 생긴다. 가장 가까운 가족 관계에서는 물론이다. 그런데 가까운 사이일수록 갈등을 일으키는 원인이 말 때문인 경우를 종종 보게 된다.

부부 싸움을 할 때 갈등을 심화시키는 말이 몇 가지 있다고 한다. 2012년 4월, 결혼정보회사 듀오에서 전국 기혼 남녀 252명을 "부부 싸움의 말버릇"이라는 주제로 조사한 결과다. 자극적인 표현보다 무시하는 말투가 남편과 아내를 화나게 만들었다.

먼저, 남편이 듣기 싫어하는 말 2위는 "이게 다 당신 탓이야", 3위는 "갈라서. 이혼해"라는 말이었다. 이 말들에는 여성의 경제력이 향상되면서 생활의 주도권을 잡은 아내가 은근히 우월성을 내색하려는 의도가 담겨 있다. 그래서 아내가 이 말들을 할 때 남편이 가장 듣기 싫어한다고 한다. 결혼 전 데이트 시기에도 마찬가지다.

반면에 아내가 듣기 싫어하는 말 2위는 "결혼, 후회한다", 3위는 "당신이 그렇지 뭐"라는 말이었다. 모든 책임을 아내에게 돌리는 남편의 말투에 상당히 감정이 상한다고 답했다. 문제는 남편이든 아내이든 이 말들을 악의적으로 하고 있다는 것이다. 싸울 때 고운 말이 나가기란 어렵다.

그렇다면 부부가 모두 듣기 싫어하는 말 1위는 무엇일까?

"됐어. 말을 말자."

이 말은 대화의 단절을 요구하는 표현이기에 자신의 전 존재가 무시당하는 느낌을 준다.

부부 사이뿐 아니라 부모와 자녀 간의 관계에서도, 시댁과의 관계에서도, 동료와 친구 사이에서도 말 한마디로 인해 관계가 서먹해지고 깨지는 경우가 허다하다. 평범한 표현 같지만 그 속에 담겨 있는 의미가 상대를 철저하게 무시하고 조롱하는 듯 전달되기 때문이다. 그것이 관계를 틀어지게 하거나 끊어지게 하는 등 갈등 심화로 이어진다.

말뿐만 아니라 갈등을 유발하는 요소는 다양하다. 생각의 차이와 관점의 차이, 환경의 차이 등이 틈을 만드는데, 이것이 오해를 만들고 갈등을 유발한다. 갈등은 서로에게 고통을 주기 때문에 얽히고설키면 풀기가 쉽지 않다. 어느 한쪽이 양보하거나 포기하지 않는 한 갈등의 뿌리는 그대로 남아 있어서 서로의 마음을 불편하게 만든다.

인생 여행 중에 우리는 크고 작은 갈등의 관계를 맺으며 살아간다. 어쩌면 갈등이라는 것은 관계가 있는 곳에는 늘 존재할 것이다. 우리는 갈등을 어떻게 지혜롭게 받아들이며 살아갈 것인가?

바울의 갈등 해결 방식, '관계 삼각형 이론'

바울과 바나바도 관점의 차이로 갈등을 겪은 적이 있었다. 하나님의 사도로 부르심을 받은 바울은 복음 증거 사명을 다하는 와중에 여러 동역자를 만나 전도 여행을 떠났다. 특히 그는 자신과 동역했던 인물 중 바나바를 많이 아꼈는데, 그와의 관계가 늘 좋았던 것은 아니었다. 1차 전도 여행을 마치고 2차 전도 여행을 떠날 때 바울은 바나바와 갈등을 겪게 되었다.

이유인즉슨 바울의 1차 전도 여행에 동행했던 마가를 데리고 가는 문제 때문이었다. 사실 마가는 1차 전도 여행 때 끝까지 함께하지 못하고 힘들다는 이유로 중간에 돌아간 전적이 있었다. 그 일로 바울은 마가와 동행하기를 원하지 않았고, 바나바는 데려가야 한다고 주장했다.

이러한 관점의 차이 때문에 둘 사이에 갈등이 시작되었다. "데려가자", "데려가지 말자" 사이에서 갈등하던 바울과 바나바는 결국 따로 전도 여행을 가기로 했다. 바나바는 마가를 데리고 전도 여행을 떠났고, 바울은 실라를 데리고 2차 전도 여행길에 올랐다. 둘은 복음을 전파한다는 목적은 같았으나 사람을 보는 관점, 일을 성취하는 기준은 차이가 있었던 것이다. 물론 훗날 바울이 바나바의 희생과 마가의 선행을 치하한 기록을 통해(딤후 4:11) 관계가 회복되었다는 사실을 알 수 있다. 이처럼 갈등은 언제 어디서든 관점의 차이로 인해 나타날 수 있다.

문제는 갈등이 주는 영향력이다. 일단 갈등이 시작되면 관계되어 있는 모두가 괴롭다. 갈등은 의도하지 않은 데서 발생하기 때문에 가까운 관계일수록 고통이 크다. 상대방에게 탓을 돌리기에 감정의 소모가 상당하다. '왜 그것도 이해하지 못할까?', '어쩌면 이렇게 다를 수가 있지?', '내가 얼마나 잘해 주었는데' 등 여러 생각으로 인해 상대방에 대한 실망, 원망과 미움이 생겨난다.

특히 갈등은 연쇄 작용해 당사자들뿐 아니라 주변에 있는 사람들에게까지 좋지 않은 영향을 미친다. 상대방을 헐뜯거나 자기변명을 하고, 상대방과 친한 사람들과의 관계도 훼방하기 때문에 공동체에서 갈등은 조직 전체를 어지럽힌다. 그러다가 결국 조직 전체를 와해시키는 파괴력을 가진 것이 바로 갈등이다. 교회 내에서 일어나는 갈등이 위험한 이유는 공동체를 힘들게 할 뿐 아니라 구성원들을 영적 소진(burn out) 상태에까지 이끌 수 있기 때문이다. 따라서 갈등은 반드시 해결해야 한다.

심리학자들이 갈등 해소를 위해 주요하게 제시하는 방법은 이렇다. 갈등이 생겼을 때 사실 자체를 인정하고, 적극적인 의지로 갈등을 심사숙고해 자신을 조정하거나, 가능하다면 문제가 되는 사람이나 상황에 대해 적극적으로 이해하는 것이다.

여기에 가장 중요하게 덧붙일 것은 갈등을 해소하기 위해 스스로 노력하며 하나님과의 관계를 더욱 가깝게 하는 것이다. 갈등은 가까운 관계일수록 쉽게 생길 수 있지만 하나님과 우리 사이에는 갈등이 있을 수 없다. 하나님은 우리 생각의 주관자가 되시기 때문이다. 우리는 하나님의 뜻을 알기 위해 노력해야 하고, 그분께 더 가까이 다가가기 위해 힘써야 한다.

사실 이것은 바울이 갈등을 해소하기 위해 대처했던 '관계 삼각형 이론'이다. 바울은 사역을 감당하면서 많은 인간적 갈등을 경험했다. 그는 갈등 해소법으로 하나님을 삼각형 맨 위의 꼭짓점에 두고, 자신을 왼쪽 아래, 그리고 상대방을 오른쪽 아래 꼭짓점에 두고 관계를 풀어 나갔다. 자신이 하나님께 가까이 다가갈수록 상대방과도 가까워질 수 있다는 인식이었다. 바울은 늘 자신의 부족함을 하나님께 내어놓았고, 복음

전도를 하면서 발생하는 인간적 갈등으로 인한 상처를 치유하며 위대한 사역을 완수할 수 있었다.

갈등은 어디서든 존재한다. 다만 그것이 오래 지속되어 의욕을 저하시키고, 나아가 공동체에 부정적 영향을 미치지 않도록 하는 노력이 필요하다. 그 노력에 있어서는 섣불리 차이를 인정하지도 않은 채 간극을 좁히려는 것보다 하나님과 나의 관계를 점검하는 일이 우선되어야 할 것이다.

지혜, 갈등을 푸는 열쇠

미국의 유명 연극배우 제임스 머독(James E. Murdoch)이 하루는 에이브러햄 링컨(Abraham Lincoln) 대통령의 초청으로 백악관에 머물게 되었다. 그는 남북전쟁 당시 전쟁터를 돌며 많은 공연을 했다. 밤늦게까지 링컨과 대화를 하다가 잠자리에 들었지만 멀리서 들려오는 포성에 잠을 이룰 수가 없었다.

그날 새벽녘 어디선가 흐느끼는 소리가 들려왔다. 일어나 소리를 따라가 보니 복도 안쪽 깊은 곳에 있는 대통령 집무실로 이어졌다. 그곳에서 링컨이 하나님께 겸손히 무릎 꿇고 눈물로 기도하고 있었다. 신음하듯 부르짖으며 남북전쟁이 하루속히 끝나기를 기도하고 있었다. 그 모습을 지켜본 제임스 머독은 큰 충격을 받았고, 링컨을 더욱 존경하게 되었다. 그는 집무실을 기도실로 바꾼 링컨에 대해 그가 하나님의 사람이었음을 증언했다.

링컨은 전쟁으로 미국이 피폐해지는 것을 보면서 하나님 앞에 나아가 기도했다. 또한 전쟁 중 막사에 머무는 동안에도 기도하는 일을 쉬지 않았다. 기도하는 시간이면 막사 앞에 하얀 손수건이 내걸렸고 아무도 면회가 되지 않았다. 그럴 때마다 기도를 통한 지혜로 미국을 훌륭하게 통치할 수 있었는데, 그의 기도하는 모습에 많은 국민이 대통령을 신뢰하며 함께 기도했다. 링컨은 기도에 힘입어 마침내 전쟁을 승리로 종식시켰고 노예해방을 이루어 냈다. 그래서인지 그의 고백이 더욱 가슴을 친다.

"나는 어려울 때마다 무릎 꿇고 기도한다. 그러면 신기하게도 내가 알지 못하던 지혜가 떠오른다."

갈등을 해결하는 과정에서 지혜는 필수다. 갈등은 얽히고설킨 관계에서 벌어지는 감정싸움이다. 도저히 풀릴 것 같지 않게 얽혀 있기에 사람의 힘으로 풀어내려다가 오히려 더 꼬이게 만들 수 있다. 이때 갈등에서 벗어나기 위한 영순위는 지혜를 구하는 것이다. 사람의 지혜가 아닌 하나님의 지혜가 임해야 한다. 그 지혜는 '진실한 기도'라는 고백 속에 임한다.

갈등으로 인해 기도하는 과정은 나의 연약함과 부족함을 쏟아 내고, 그 공허한 공간을 하나님의 은혜와 지혜로 채우는 일이다. 그러나 우리는 연약하고 자기 사랑이 너무 강한 나머지 자기에게 유익한 것이 무엇인지 알지 못한다. 갈등 때문에 마음이 번민하다 보면 초점이 흐려져서 어떤 것이 유익한지 분별하지 못할 때가 많다. 자기 욕심, 자기 사랑이 지나쳐 자신을 불행하게 만드는데도 그것이 좋은 것인 양 하나님께 울며 달라고 떼쓴다.

이것은 하나님이 원하시는 모습이 아니다. 진정한 고백을 드릴 때 하나님은 그분이 원하시는 방향대로 우리가 따를 수 있도록 지혜를 주시고 순종하도록 하신다. 갈등을 해결할 수 있는 방법을 떠오르게 하시고 행동하도록 이끄신다. 링컨이 기도로 고백할 때 새롭게 지혜를 주셔서 난관을 극복하게 하신 것처럼 우리에게도 지혜를 떠올리게 하신다.

갈등을 이기는 세 가지 프로세스

인생 여행 중 갈등과의 만남에서 기도하며 얻게 된 하나님의 지혜는 단번에 갈등을 해결하는 방법이 아닐 수도 있다. 갈등에서 승리하는 세 가지 지혜는 다음과 같다.

+ 자존심보다 문제 해결에 집중하라
+ 이익보다 관계 회복을 우선순위에 두라
+ 눈에 보이는 것보다 보이지 않는 믿음을 선택하라

지혜는 갈등을 푸는 열쇠다. 아브라함과 조카 롯의 갈등으로 인해 벌어진 사건에서 하나님이 허락하신 지혜도 그러했다.

아브라함과 롯은 한곳에 정착하며 잘 살았지만 둘 사이에 재산이 늘어나고 환경이 변화하면서 갈등이 시작되었다. 서로 감정이 상했기에 갈등이 생긴 것이 아니었다. 변화된 환경과 제3자들의 다툼이 대립의 원인이었다. 그러나 갈등 해소의 주체였던 아브라함은 문제를 가지고 하나님 앞으로 나아갔다. 하나님의 뜻에 따라 고향인 갈대아 우르를 떠나 가나안 땅으로 가는 여정이었기에, 그는 자신을 부르시고 이끄신, 자신의 주권자가 되시는 하나님께 조카와의 갈등을 해소하기 위한 기도를 드렸다.

그때 하나님의 지혜가 임했다. 그 지혜는 앞서 언급했듯 세 가지 프로세스에 초점을 둔 지혜였고, 아브라함은 단계별로 일을 해결해 나가기 시작했다.

자존심보다 문제 해결에 집중하라

갈등에서 승리하는 첫 번째 지혜는 자존심을 지키기보다 문제 해결에 더 집중하라는 것이다. 사실 조카 롯과의 갈등은 삼촌인 아브라함의 입장에서 볼 때 기분이 상할 일이었다. 가부장적 사회에서 부족의 가장 큰 어른에게 보인 조카의 행동은 용서할 수 없는 일이었다. 아무리 조카라고 하지만 장유유서는 엄연히 지켜야 할 윤리이기에 아브라함이

단호하게 대처해도 문제될 것이 없었다. 그러나 아브라함은 이 문제가 롯과의 갈등으로 확산되기 전에 재빨리 해결하는 신속성을 보였다. 자존심을 지키기보다는 문제 해결이 더 중요하다는 것을 그는 잘 알고 있었다.

환경의 변화로 대인 관계에 상처가 났을 때 받은 악감정은 오랫동안 지워지지 않는다. 그것을 마음에 품고 언젠가는 앙갚음을 할 날을 기다리게 된다. 받은 상처에 끙끙 앓으며 두고두고 나쁜 기억에서 벗어나지 못하는 것이다. 그러다 보니 다른 나쁜 감정이 켜켜이 쌓여 폭발하거나 심각한 우울증으로 자리 잡게 된다.

갈등 상황이 벌어졌을 때 자존심을 지키기보다는 재빨리 그 일을 해결하려고 노력하는 것이 지혜다. 아브라함은 종으로부터 갈등의 이야기를 전해 들었을 때 하나님의 지혜로 신속히 해결하는 데 집중했다. 사건의 배경이 되는 성경 본문을 살펴보면 "아브람이 롯에게 이르되"(창 13:8)라고 기록되어 있는데, 영어 성경에는 "So Abram said to Lot"(NIV)으로 표현되어 있다. 여기서 접속사 'So'는 '갈등이 있은 직후', '즉시', '그러므로'의 의미로 사용되었다.

만약 아브라함이 자존심을 먼저 내세웠다면 어떻게 되었을까? "아이 싸움이 어른 싸움 된다"라는 속담처럼 어린 조카와의 감정싸움으로 번져 서로 원수처럼 갈라서는 좋지 못한 모습을 보이게 되었을 것이다. 믿음의 조상인 아브라함의 성품에 큰 흠집을 내는 사건이 될 수도 있었다. 하지만 아브라함은 자신의 자존심을 지키기보다는 하나님께 지혜를 구하고 문제를 해결했다. 무엇보다 아들뻘 되는 롯에게 먼저 다가가 대화로 풀면서 서로 감정이 상하는 일 없이 문제를 해결했고, 롯을 분가 독립시켰다. 대단한 지혜의 표상이 아닐 수 없다.

하나님의 지혜는 우리의 한 치 자존심을 높여 주지 않는다. 하나님은 우리가 자존심을 세우고 지키게 하시지만 자존심 대결을 원하지는 않으신다. 상대방과의 그릇된 관계를 회복시킬 수 있는 깨우침을 주신다. 근본 문제를 해결하기 위해 먼저 다가서도록 용기를 주신다. 행동 없는 지혜는 없다.

"예물을 제단 앞에 두고 먼저 가서 형제와 화목하고 그 후에 와서 예물을 드리라"(마 5:24).

이 말씀에서 알 수 있듯이 하나님은 먼저 손을 내밀어 문제를 해결하는 지혜를 촉구하신다.

예수님은 죄인으로 살 수밖에 없는 우리에게 먼저 다가오셔서 죄의 문제를 해결해 주시려 십자가를 선택하셨다. 우리가 하나님 앞에 상한 감정을 고백하며 나아가면 문제 해결을 위해 먼저 다가가 손 내밀 수 있는 지혜를 허락하신다.

이익보다 관계 회복을 우선순위에 두라

갈등에서 승리하는 두 번째 지혜는 자기 이익보다는 관계 중심적으로 실마리를 풀라는 것이다. 하나님은 합력해 선을 이루시는 분이다. 하나님은 우리가 당장 눈에 보이는 이익보다는 지금은 보이지 않지만 하나님의 계획 안에서 펼쳐질 거시적인 이익을 모두가 공유하기를 원하신다.

아브라함은 가축이 너무 늘어 함께 생활하는 것이 어렵다고 생각했다. 이 시점에서 장성한 조카 롯을 분가시킬 판단을 했다. 유목 사회의 풍습 가운데 하나는 일정 수준의 가축을 떼어 줌으로 분가시키는 것이다. 분가한 사람은 자신의 재산이 된 가축을 가지고 그곳을 떠나야 한다. 이 시점에서 반드시 갈등이 나타나게 되어 있다. '가축을 얼마만큼 받는가?', '어디에서 목축을 해야 하는가?' 등 자기의 소유와 이익을 먼저 생각하기 때문이다.

아브라함은 분명하게 자신의 뜻을 말했다. 우리는 한 친족이기 때문에 서로 다투는 일은 하지 말자고 했다. 얼마만큼이 적당한지를 제시하고 협상한 것이 아니라 한 친족이라는 관계를 강조함으로 갈등 유발의 요인을 아예 없애 버렸다. 사실 갈등은 이익에 치중하다가 발생할 때가 많다. 표면적으로는 누구 때문이라는 이유가 있지만 한 꺼풀 벗겨 보면 내가 원하는 것이 적거나 손실을 입게 됨에 따라 힘들어하고 갈등을 빚게 되는 것이다.

하나님은 성경을 통해 이익보다 관계가 중요하다고 말씀하신다. 우리에게 관계를 견고히 하는 지혜를 원하신다. 한 걸음만 뒤로 물러서서 보면 손상된 감정의 중심에 놓인 사람들이 우리와 꽤 깊은 관계라는 것을 알 수 있다. 가족과 친구, 직장 동료, 교회 공동체에서 벗어나 있는 사람과는 감정이 상할 일도, 갈등을 빚을 일도 없다. 중요한 관계이기에 감정적으로 부딪힌 것이다. 그렇다고 그 관계를 깰 수는 없다. 서로 아주 가까운 사이이기에 삶에서 떼려야 뗄 수 없기 때문이다. 갈등 관계에 놓인 사람은 결국, 합력해 선을 이룰 사람이다. 그러므로 관계 유지 및 회복이 중요하다.

아브라함은 관계를 깨지 않는 지혜를 얻었고, 그로써 훗날 롯과의 관계를 계속적으로 유지할 수 있었다. 롯은 그 사건 이후 아브라함과 떨어져 지냈고, 전쟁의 포로가 되고 말았다. 아브라함은 그 소식을 듣고 용사를 이끌고 달려가 빼앗긴 재물과 롯과 식구들을 다 찾아왔다. 또한 하나님이 소돔과 고모라를 멸하시려고 할 때 롯을 생각해 심판을 거두시도록 간청했다. 아브라함과 롯의 관계는 아름답게 이어졌다.

눈에 보이는 것보다 보이지 않는 믿음을 선택하라

갈등에서 승리하는 세 번째 지혜는 눈에 보이는 것보다 보이지 않는 믿음의 선택을 하라는 것이다. 아브라함은 롯과 분리되는 과정에서 지혜로운 선택을 했다.

"네 앞에 온 땅이 있지 아니하냐 나를 떠나가라 네가 좌하면 나는 우하고 네가 우하면 나는 좌하리라"(창 13:9).

아브라함은 선택권을 조카 롯에게 먼저 주었다. 그가 오른쪽으로 가겠다고 하면 자신은 왼쪽으로 가고, 그가 왼쪽으로 가겠다고 하면 자신은 오른쪽으로 가겠다고 했다. 아브라함은 어른으로서 먼저 초지를 선택할 수 있었다. 비옥하고 풍족한 땅을 그가 모를 리 없었다. 그렇지만 롯에게 선택권을 양보했다.

롯은 눈을 들어 땅을 살폈다. 그러고는 가장 기름지고 비옥하며 아름답게 느껴지는 에덴동산과 같은 땅을 지체 없이 선택했다. 이때 만약 아브라함이 인간적 감정을 내세웠다면 한없이 섭섭했을 것이다. 그동안 아들처럼 여기며 키워 주었는데 한순간 배은망덕한 태도를 보고는 부아가 치밀어 올랐을 것이다. 그러나 아브라함은 역시 아브라함이었다. 주저 없이 약속대로 반대편으로 떠났다.

아브라함은 롯의 결정에 변명을 대면서 번복하지 않았다. 우리가 흔히 쓰는 '삼세번 수법'을 동원하지 않고 하나님께 또다시 모든 것을 맡겼다. 성경은 롯과 아브라함의 선택과 결정을 믿음의 대립으로 묘사하고 있다. 눈을 들어 바라본 롯의 시선에는 믿음이 없었다. 위대한 선택이었지만 하나님의 약속과 축복이 없었다. 롯이 떠나고 난 뒤 하나님은 아브라함에게 나타나셔서 더 큰 약속을 주셨다.

"너는 눈을 들어 너 있는 곳에서 북쪽과 남쪽 그리고 동쪽과 서쪽을 바라보라 보이는 땅을 내가 너와 네 자손에게 주리니 영원히 이르리라"
(창 13:14-15).

눈을 들어 좋은 땅을 선택한 뒤 마음에 들어 흐뭇하게 휘파람을 불며 떠난 롯은 지혜로운 사람처럼 보였지만 사실 그것은 믿음의 선택이 아니었다. 반면 아브라함은 당장 눈에 좋은 것은 없었지만 하나님이 그로 하여금 눈을 들어 땅을 보게 하셨고, 보이는 모든 땅을 주겠다고 약속하셨다. 아브라함에게 믿음의 안목을 허락하신 것이다. 하나님은 아브라함의 믿음의 선택을 기쁘게 생각하셨기에 자손의 복까지 거듭 약속하셨다. 사실 아브라함이 롯에게 먼저 선택권을 준 것도 신실하신 하나님이 좋은 것으로 채워 주실 것이라는 믿음이 있었기 때문이다. 아브라함은 하나님의 신실하심을 믿고 순종하는 지혜로운 사람이었다.

갈등에서 승리하는 하나님의 지혜는 크고, 놀랍고, 신기하다. 언뜻 보기에는 손해인 것 같지만 결국 그 지혜로 인해 관계가 지속되고, 합력해 선을 이루어 모두에게 유익이 된다. 그 지혜를 사모하자.

"너희 중에 누구든지 지혜가 부족하거든 모든 사람에게 후히 주시고 꾸짖지 아니하시는 하나님께 구하라 그리하면 주시리라"(약 1:5).

"여호와 하나님이 이르시되 사람이 혼자 사는 것이 좋지 아니하니 내가 그를 위하여 돕는 배필을 지으리라 하시니라" (창 2:18).

우리는 '바라는 배필'이 아니라 '돕는 배필'로 살아가야 한다. 하나님은 어렵고 힘든 우리 인생살이에 힘을 북돋워 주시고자 사랑하는 배우자를 허락해 주셨다. 때로는 어깨를 두드려 주면서, 때로는 열렬히 사랑하면서 살아가라고 하나님이 주신 선물이다. 인생에서 소중한 만남은 바로 배우자와의 만남이다. 하나님이 짝지어 주신 배우자를 얼마나 사랑하고 있는가?

6 인생 여행
배우자와의 만남

**결혼을 만드신 하나님은
행복한 결혼 생활이 무엇인지 가장 잘 알고 계신다**

연애 시절, 결혼식 날의 기억을 조금씩 떠올려 보라. 누구에게나 '결혼하면 참 행복할 거야. 결혼만 하면 깨가 쏟아지는 사랑을 하면서 살 거야'라는 환상이 있었다. 흔히 신랑이 신부에게 프러포즈를 할 때 쓰는 말이 있다.

"나랑 결혼해 주면 공주처럼 손에 물 한 방울 안 묻히고 살게 해줄게."

결혼만 하면 마치 모든 것을 다 해줄 것처럼 호언장담한 시절이 있었다. 그런데 지금은 어떤가? 때로는 과거의 약속이 지금의 내가 행복하지 못한 가장 큰 이유가 되기도 한다.

많은 여성이 결혼하면 외롭지 않을 것이라고 생각한다. 결혼만 하면 남편이 내 마음을 다 알아줄 것이라고 기대한다. 그런데 결혼하고 나서 보니 왜 그렇게 속이 콩알만 한지, 얼마나 힘든 사람인지, 또 어찌나 잘 삐치는지 속상한 일이 한두 가지가 아니다. 내 마음을 다 이해해 줄 것이라고 믿어 의심하지 않았는데, 어느 날 갑자기 문득 던진 말 한마디에 혼란에 빠진다.

"아니, 저 인간이! 어떻게 나한테 이럴 수 있어?"

아이 키울 때를 생각해 보라. 아기의 울음소리에 피곤해 지칠 대로 지쳐 있는데 남편은 일어나지도 않고 "빨리 가 봐!" 하고 소리만 친다. 그렇게 이해심이 없는 사람인지 결혼 전에는 정말 몰랐다.

외롭지 않기 위해 결혼했지만 막상 결혼해도 내 마음을 다 내놓을 수 없고, 내 마음을 다 이해해 주지도 않고, 때로는 야속하기도 하다. 화도 내 보지만 곧 내 마음 같지 않다는 사실을 깨닫게 된다.

남편은 어떠한가? 아침에 일어날 때마다 따뜻하고 정갈한 아침 밥상을 준비해 놓고 다소곳하게 깨워 주는 아내의 모습을 상상했다. 퇴근하고 돌아오면 뛰쳐나와서 두 팔 벌려 환영하고, 안아 주고, 격려해 주는 아내를 기대했다. 그러나 현실은 전혀 그렇지 않다. 알람을 맞추어 놓고 혼자 일어나서 아침을 챙겨 먹는다. 하루 종일 치열한 일터에서 업무를 마치고 집에 들어가면 아내와 아이들은 힘든 남편을 전혀 신경 쓰지 않고 각자 자기 할 일만 하고 있다.

'나는 무엇인가? 내가 있을 곳은 텔레비전 앞밖에 없구나!'

그나마 텔레비전도 마음대로 볼 수 없는 남편도 있다.

남편은 남편대로, 아내는 아내대로 전쟁터와 같은 삶을 살다가 몸과 마음이 녹초가 된다. 그렇게 자신을 가누기조차 힘들어하는 서로를 바라본다.

결혼은 현실이다. 하지만 우리는 결혼 생활에서 맞닥뜨리게 되는 배우자와의 현실적인 만남을 행복한 만남으로 변화시켜야 한다. 물론 나는 동화처럼 아름다운 이야기만을 전하고 싶지는 않다. 각 가정마다 상황과 환경이 너무 다르기에 교과서적인 답과 같은 부담이나 아픔을 주는 것도 원하지 않는다. 그럼에도 불구하고 하나님의 말씀을 통해 자신의 결혼 생활에 대해 스스로 돌아보기를 원한다. 그리고 그 말씀으로 다른 사람들을 도울 수 있기를 바란다.

바라는 배필에서 돕는 배필로

"여호와 하나님이 이르시되 사람이 혼자 사는 것이 좋지 아니하니 내가 그를 위하여 돕는 배필을 지으리라 하시니라"(창 2:18).

성경을 보면, 하나님이 피조물을 창조하실 때마다 계속해서 "보시기에 좋았더라"라는 말씀이 등장한다. 그런데 "좋다", "좋다" 하시던 하나님이 창세기 2장에서는 "사람이 혼자 사는 것이 좋지 아니하니"라고 말씀하셨다. 그래서 성경은 하나님이 가정을 제정하시고, 결혼이라는 제도를 만드셨다고 말한다.

　결혼을 만드신 하나님은 행복한 결혼 생활이 무엇인지 가장 잘 알고 계신다. 또 가정을 제정하신 하나님은 축복이 넘치는 가정생활이 무엇인지 누구보다 잘 아신다. 그러므로 우리는 결혼과 가정을 만드신 하나님의 의도를 알아야 한다.

　성경이 말하는 성공적인 결혼 생활을 위한 비결은 "내가 그를 위하여 돕는 배필을 지으리라"라는 하나님의 말씀에 담겨 있다. 여기서 '돕는 배필'이란 '배우자의 마음과 상황에 잘 맞도록 도움을 주는 사람'이라는 뜻이다.

　우리는 '돕는다'라는 말을 부정적인 의미로 생각한다. 마치 조력자라는 느낌을 준다고 생각한다. '정'이 아니라 '부'라는 느낌, '메인'(main)이 아니라 '마이너'(minor)라는 느낌을 풍긴다고 여긴다. 그런데 사실 히브리 원어를 보면 이 말은 하나님이 친히 사용하신 단어다. 하나님은 이스라엘 백성을 향해 "내가 이스라엘 백성을 돕는 하나님이다"라고 말씀하시면서 동일한 단어를 사용하셨다. "하나님은 나의 도움이 되신다"라는 말씀에 사용된 단어도 같은 원어에서 유래했다.

　생각해 보라. 도움을 주는 사람과 도움을 받는 사람 중에 누가 더 뛰어난가? 당연히 도움을 주는 사람이다. 더 뛰어나야 도움을 줄 수 있기 때문이다. 다시 말해 도움을 받는 쪽이 조금 더 부족하고 모자라다는 뜻이다. 결혼을 만드신 하나님은 "내가 그를 위하여 돕는 배필을 지으리라"라고 말씀하셨다.

　결혼에 대한 우리의 환상이 정말 환상에 그치고 만 이유는 무엇인가? 그저 받으려고 했고, 누리려고 했기 때문이다. 물론 고의는 아니었을 것이다. 누구나 마음 한가운데 결혼에 대한 기대와 환상이 있기 때문이다. 결혼 생활이 힘든 이유는 이처럼 얻고자 했던 것들을 얻지 못하고, 바랐던 것들이 이루어지지 않기 때문이다.

　그런데 성경은 '바라는 배필'이 아니라 '돕는 배필'이 되라고 말한다. 여자는 하나님의 창조물 중에서 가장 늦게 창조되었다. 6일간의 창조가 다 끝난 뒤 남자가 창조되었고, 그다음에 여자가 창조되었다. 하나님의 창조 세계를 자세히 들여다보면 맨 나중에 창조된 것이 사실은 가장 업그레이드된 버전이다.

　우스갯말로 창조의 재료가 다르다. 앞선 창조물들은 흙으로 만들어졌으나 맨 마지막에 창조된 여자는 뼈로 만들어졌다. 그러니 여자는 뼈대 있는 가문에서 탄생한 셈이다. 다른 창조물들과 격이 다른 재료로 만들어진 최신 제품이다. 그러므로 하나님이 여자들에게 "돕는 배필이 되라", "내가 도와준 것처럼 너희도 도와주라"라고 이야기하신 것이다.

　여기서 우리는 하나님의 명령이 남편에게 먼저 주어지지 않았다는 사실을 발견하게 된다. 하나님은 아내에게 먼저 명령하셨다. 한 예로 자녀들에게 당부할 때를 생각해 보라. 가장 말 잘 듣는 큰아이, 가장 성숙한 맏이를 불러 놓고 이야기하지 않는가.

아내들은 천성적으로 섬기고자 하는 마음이 있다. 힘들고 어려운 사람을 보면 누가 시키지 않아도 자연스레 나서서 잘 돕는다. 다가가서 도와주고자 하는 착한 마음씨를 가지고 있다. 한 예로 누가 화장실에 같이 가자고 하면 따라가 준다. 돕는 것이 몸에 밴 것이다.

나는 주례를 할 때면 으레 다음과 같이 말한다.

"하나님이 이 형제를 보시고 누가 가장 잘 도울 수 있을까 찾고, 찾고, 찾으시다가 드디어 자매님을 찾으신 것입니다"

남편은 아내가 없으면 못 산다. 남편은 도움이 필요한 존재요, 아내는 도울 수 있는 존재다. 아내는 결혼을 하면 15-20년을 살면서 무려 3만 5,000회의 식사를 준비한다. 잠자리를 정리하는 일만 1-3만 회를 하고, 화장실 청소만 7,000회, 한 아이를 낳고 2년 동안 기저귀를 4,320회 갈아 준다. 두 명을 낳으면 8,640회가 된다. 그런데 아내는 그 모든 일을 기쁘고 감사한 마음으로 한다.

아내는 스스로를 향해 "나는 돕는 배필이다"라고 자부하기를 바란다. 이 사실이 조금이라도 흔들려 '바라는 배필'이 되면 그다음부터는 힘들어진다. '하나님이 나를 더 뛰어나게 만드셨구나. 내가 도울 수 있도록 더 뛰어나게 만드셨으니 내가 부족한 사람을 도와야겠구나. 나는 돕는 배필이구나' 하고 이해할 수 있어야 한다.

하나님이 기뻐하시는 남편과의 만남

사랑이란 무엇일까? 사랑과 관련된 많은 단어와 인물이 떠오르지만 단연 사랑을 한마디로 말한다면 '예수 그리스도'라 할 수 있다. 우리는 예수님의 삶을 통해 사랑을 배운다. 어떻게 예수님은 삶으로 사랑을 구현하셨을까?

예수님은 지성과 감성과 의지의 삶을 사셨다. 고(故) 김수환 추기경은 사랑이 머리에서 가슴으로 오는 데 70년이 걸렸다고 했다. 그런데 그분이 간과하신 것이 있는데, 그 사랑은 마음에서 멈추어 버려서는 안 되고 발까지 내려와야 한다는 것이다.

하나님이 기뻐하시는 남편의 역할은 아내를 전인적으로 사랑하고 포용하는 것이다. 아내는 하나님이 허락하시고, 부부로 맺어 주신 최고의 반려자다. 남편은 하나님을 사랑하듯 아내를 사랑하고 품어 주어야 한다. 성경을 통해 아내를 전인적으로 사랑하는 방법을 알 수 있다.

"남편들아 이와 같이 지식을 따라 너희 아내와 동거하고 그를 더 연약한 그릇이요 또 생명의 은혜를 함께 이어받을 자로 알아 귀히 여기라 이는 너희 기도가 막히지 아니하게 하려 함이라"(벧전 3:7).

이 말씀을 지성과 감성과 의지로 나누어 보면 이렇다.

+ 지(지성): "지식을 따라"
+ 정(감성): "더 연약한 그릇이요"
+ 의(의지): "너희 아내와 동거하고", "귀히 여기라"

남편의 지성적인 아내 사랑

어떤 일을 행하기에 앞서 우리는 이 일을 해야 할지 말아야 할지 당위를 묻는다. 이 역할을 하는 것이 지성, 즉 지식이다. 부모를 떠나 아내와 하나 되었다면 응당 아내는 남편의 뼈 중의 뼈요, 살 중의 살이라는 지식을 깨달아 아내를 사랑해야 한다.

남편의 감성적인 아내 사랑

하지만 머리로 안다고 해서 마음까지 전달되는 것은 아니다. 마음이 울려야 한다. 그렇다면 마음의 울림은 어떻게 일어날 수 있을까? 연약함을 통해서다. 우리는 많은 구호 단체와 매스컴을 통해 어려운 환경에 처한 사람들에게 후원을 한다. TV 화면을 통해 전달되는 그들의 아픔과 연약함은 우리의 감성을 자극하고 울린다. 마음의 울림이 있다면 그들을 긍휼히 여길 수 있고 사랑할 수 있다.

성경은 아내를 연약한 사람으로 표현하고 있다. 남편은 신체적으로, 정신적으로 연약한 아내를 원망과 미움의 대상이 아니라 희망과 사랑의 대상으로 여겨 사랑하는 것이 마땅하다.

남편의 의지적인 아내 사랑

올바른 신앙인의 모습은 지정의가 균형 잡힌 상태일 것이다. 사랑 역시 다를 바 없다. 지성과 감성으로 사랑했다면 마지막 단계인 의지로 실천해야 한다. 사랑하지만 사랑한다고 입술로 표현하지 않는다면 상대는 그 사랑을 느끼지 못할 것이다. 더 나아가 남편의 사랑은 입술과 마음에만 머무는 것이 아니라 발까지 닿아야 한다. 온몸 구석구석까지 퍼져야 한다. 이것이 하나님을 기쁘시게 하는 남편의 역할이다.

하나님은 남편의 갈비뼈로 아내를 만드셨다. 갈비뼈가 인체의 중요한 장기들을 감싸 보호하고 있듯이 남편은 아내를 포용하고 지켜 주어야만 한다. 그것이 에베소서 5장 28절의 "자기 아내 사랑하기를 자기 자신과 같이 할지니 자기 아내를 사랑하는 자는 자기를 사랑하는 것이라"는 말씀의 의미다.

아내를 사랑하지 않고 포용하지 않는다면 자신의 몸을 내팽개쳐 두고 있다는 뜻이다. 하나님이 주신 나의 몸에 관심을 두고, 보살피며, 사랑하고, 아껴 줄 때 남편도 건강하고 아내도 건강해진다.

탈무드에서는 "아내를 까닭 없이 괴롭히지 말라. 하나님은 아내의 눈물방울을 세고 계신다"라고 말한다. 하나님은 아내의 눈물방울을 다 세고 계시며, 그 대가를 남편에게서 찾으실 것이다.

하나님이 기뻐하시는 아내와의 만남

"너희의 단장은 머리를 꾸미고 금을 차고 아름다운 옷을 입는 외모로 하지 말고 오직 마음에 숨은 사람을 온유하고 안정한 심령의 썩지 아니할 것으로 하라 이는 하나님 앞에 값진 것이니라 전에 하나님께 소망을 두었던 거룩한 부녀들도 이와 같이 자기 남편에게 순종함으로 자기를 단장하였나니"(벧전 3:3-5).

아내는 남편에게 어떻게 돕는 배필이 될 수 있을까? 말씀에 의하면, 아내는 '단장'과 '순종', 두 단어를 기억해야 한다. 3절은 "너희의 단장은 머리를 꾸미고 금을 차고 아름다운 옷을 입는 외모로 하지 말고"라는 말씀으로 시작한다. 아내는 이 말씀을 좋아한다. 왜냐하면 사실 집에 있으면서 외모를 꾸미기란 쉽지 않기 때문이다.

아내는 아이들과 씨름해야 하고, 산더미처럼 쌓인 집안일에 시달려 너무나도 힘들고 피곤한데 남편은 매일 아내가 아름답게 꾸미고, 우아한 옷을 입고 자신을 기다려 주기를 바란다. 그런데 단장을 하지 말라니 아내들이 이 말씀을 좋아할 수밖에 없다. 그래서 아내는 남편과 늘 부딪힌다.

남편은 아내의 외모를 보지 말아야 한다. 아내가 늘 단아하고, 청순하고, 아름답고, 매력 있어 보이기를 원하지 말라. 사무엘상 16장 7절은 이렇게 말한다.

"내가 보는 것은 사람과 같지 아니하니 사람은 외모를 보거니와 나 여호와는 중심을 보느니라."

하나님은 중심을 보신다. 그러나 사람은 연약하기 때문에 외모를 볼 수밖에 없다. 속물이라고 손가락질 받아도 어쩔 수 없다. 물론 하나님을 점점 닮아 갈수록 겉이 아닌 내면의 아름다움을 보게 된다. 이것을 '성숙'이라고 말한다. 그럼에도 불구하고 사람은 외모를 먼저 본다. 그러니 여인은 끊임없이 단장한다.

"아름다움은 보는 사람의 눈에 달린 것이다"라는 말이 있다. 사람들은 갓난아기를 보면서 예쁘다고 하는데 사실 다 거짓말이다. 갓 태어난 아기는 솔직히 예쁘지는 않다. 그런데 엄마 눈에는 세상 그 누구보다, 그 무엇보다 예쁘고 사랑스러워 보인다. 보는 사람의 눈에 예쁜 것이다. 이렇듯 우리 외모의 아름다움에 대한 기준은 각각 다르다.

아내의 순종하는 남편 사랑

그렇다면 남편의 눈에 아름다운 것은 무엇일까? 잠언 31장 30절을 보면 "고운 것도 거짓되고 아름다운 것도 헛되나 오직 여호와를 경외하는 여자는 칭찬을 받을 것이라"라고 말한다. 남편이 이 정도 영적 경지에 이르렀다면 좋겠지만 현실은 그렇지 않다. 그러니 돕는 배필이자, 더 뛰어난 아내가 남편의 눈높이에 맞춰 주어야 하지 않겠는가?

성경은 단장하는 것과 아름다움에 대해 이야기하며 이렇게 명령한다. "남편에게 순종하라."

하나님의 명령에 아내들은 "왜 남편에게 순종해야 해요?"라고 따지듯이 질문하곤 한다. 물론 하나님의 말씀이기에 순종해야 한다. 그렇다면 하나님은 왜 남편에게 순종하라고 말씀하셨을까? 앞서 언급했지만 아내는 돕는 배필이기 때문이다. 남편들이 느끼는 아름다움이란 바로 아내들의 순종인 것이다.

여기서 아내들이 기억해야 할 단어가 하나 있다. '에고'(ego, 자아)다. 남편의 에고는 너무 이기적이다. 자기는 살찌면서 아내가 살찌는 것은 싫어한다. 집에 오면 자기만 바라봐 주기를 원한다. "내가 중심이었으면 좋겠다. 내가 최고면 좋겠다"라고 말한다. 남편의 에고에서 가장 힘든 것은 거절감이다. 자신이 뒷전이 되는 것, 자신이 최고가 아닌 것을 가장 힘들어한다. 세상에서도 최고가 되려고 싸우고, 집에 와서도 최고가 되려고 한다. 하나님은 그런 남편들의 연약함을 매우 잘 아신다. 그래서 돕는 배필인 아내들에게 "남편에게 순종하라"라고 명령하신 것이다. 그러니 순종하지 않고 싸우면 어떻게 되겠는가? 부부 관계가 점점 더 어려워진다.

『이솝우화』 중에 "해와 바람" 이야기가 있다. 해와 바람이 나그네의

코트를 누가 빨리 벗기나 내기를 했다. 다 알다시피 결론은 바람이 세게 불자 나그네가 코트를 더 여몄고, 따뜻한 햇볕을 쪼였더니 더워서 코트를 벗어 해가 이겼다는 이야기다. 햇볕 정책이다. 햇볕 정책은 정부뿐만 아니라 집에서도 해야 하는 것이다. 쉽지 않은 일이지만 더 뛰어난 아내들이 도와야 한다. 그때 남편은 아내가 아름답다고 생각하게 된다.

　성경에도 지혜로운 아내의 내조를 통해 죽음의 자리에서 생명의 자리로 옮겨진 사람이 있다. 남편의 이름은 나발이요, 아내의 이름은 아비가일이다. 다윗이 사울을 피해서 광야에서 전전긍긍할 때였다. 다윗은 당시 부자였던 나발에게 먹을 것을 보내 달라고 요청했다. 다윗은 자신이 요청할 자격이 충분히 된다고 생각했다. 나발의 목자와 가축들을 지켜 주었기 때문이다. 그러나 나발은 일언지하에 요청을 거절했다. 그러자 다윗은 크게 분노했고, 복수하기 위해 나발의 잔칫집을 향해 나아갔다.

　그때 다윗 앞에 나발의 아내 아비가일이 나타났다. 다윗의 복수 소식을 전해 들은 그녀가 지혜롭게도 남편에게는 알리지 않고 신속히 음식과 선물을 준비해 다윗 앞에 선 것이었다. 그리고 얼굴을 땅에 대고 지혜의 말로써 나발을 살렸다. 한 명의 지혜로운 아내가 남편과 온 집안을 사망의 위기에서 벗어나게 했다. 이처럼 현숙한 아내는 하나님께 지혜를 구하며 남편을 생명의 자리로 안내할 수 있다.

결혼식 때는 항상 연합의 촛불을 붙인다. 이후 각자를 상징하는 촛불이 꺼지고 하나 됨을 상징하는 한 개의 촛불만 조용하게 타오른다. 결혼 서약 시 나는 신부에게 다음과 같은 고백을 하게 한다.

"나는 당신을 나의 남편으로 삼아 이후로 동고동락하며 환경이 좋든지 나쁘든지, 부하게 살든지 가난하게 살든지, 건강하든지 건강하지 않든지 하나님의 거룩한 율법대로 죽을 때까지 당신을 사랑하며, 당신을 보호하며, 당신께 순종할 것을 엄숙하게 선언합니다."

우리 인생 여행에서 만난 배우자는 쉽지 않은 상대. 하지만 분명한 사실은 하나님이 짝지어 주셨다는 것이다. 그러므로 어떻게 하면 하나님이 짝지어 주신 배우자와 축복의 만남을 지속할 수 있을지 고민해 보아야 한다.

"그러므로 하나님이 짝지어 주신 것을 사람이 나누지 못할지니라 하시더라"(막 10:9).

"아주 먼 옛날"이라는 찬양은 "아주 먼 옛날 하늘에서는 당신을 향한 계획 있었죠"라는 가사로 시작한다. 그런데 혹시 알고 있는가? 이 찬양 가사를 빨리 하면 앞부분이 "아줌마 된 날"이 된다. 그렇게 들어 보니 가사가 정말 좋다.

아줌마 된 날 하늘에서는 당신을 향한 계획 있었죠

하나님께서 바라보시며 좋았더라고 말씀하셨네

이 세상 그 무엇보다 귀하게 나의 손으로 창조하였노라 (돕는 배필로)

내가 너로 인하여 (힘들지만) 기뻐하노라

내가 너를 사랑하노라 (하나님)

사랑해요 축복해요

당신의 마음에 우리의 사랑을 드려요.

우리는 '바라는 배필'이 아니라 '돕는 배필'로 살아가야 한다. 하나님은 어렵고 힘든 우리 인생살이에 힘을 북돋워 주시고자 사랑하는 배우자를 허락해 주셨다. 때로는 어깨를 두드려 주면서, 때로는 열렬히 사랑하면서 살아가라고 하나님이 주신 선물이다. 인생에서 소중한 만남은 바로 배우자와의 만남이다. 하나님이 짝지어 주신 배우자를 얼마나 사랑하고 있는가?

"여인이 어찌 그 젖 먹는 자식을 잊겠으며 자기 태에서 난 아들을 긍휼히 여기지 않겠느냐 그들은 혹시 잊을지라도 나는 너를 잊지 아니할 것이라"(사 49:15).

자녀를 낳고 키우면서 우리는 하나님 아버지의 사랑을 체험한다. 하나님 아버지의 눈물을 체험한다. 자녀를 위해 눈물을 흘릴 때마다 하나님 아버지의 마음을 느낀다. '내가 내 자녀를 위해 흘리는 눈물보다 더 많은 눈물을 하나님이 나를 위해 흘리고 계시는구나!'라는 사실을 깨닫게 하시려는 것이 바로 하나님이 우리에게 자녀를 허락하신 이유다.

**7 인생 여행
자녀와의 만남**

하나님은 자녀를 통해 나를 보게 하시고
하나님을 보게 하신다

인생의 만남 가운데 가장 행복한 만남을 꼽으라고 하면, 아마도 자녀와의 만남일 것이다. 만나면 무장해제되는 관계가 바로 자녀와의 관계가 아닐까 싶다. 아주 특별한 경우를 제외하고, 자신을 꼭 빼닮은 자녀를 보면 애잔하다가도 대견스럽고, 뿌듯하다가도 섭섭한 것이 부모 마음이다. 그러나 막상 자녀 앞에 서면 자녀라는 이름으로 모든 감정이 무장해제되어 버린다.

우리는 자녀들의 나이가 제각각이라 처한 상황이 다 다르다. 자녀가 태어난 후부터 날짜를 하루하루 꼽아 가는 분들이 있는가 하면, 학령기에 접어든 자녀, 사춘기를 심하게 앓고 있는 자녀, 입시에 시달려 지쳐 있는 자녀, 군에 입대한 자녀, 결혼을 앞둔 자녀, 혹은 벌써 자녀를 낳은 자녀 등을 둔 분들도 있다. 이처럼 시간의 간극이 크고 다양함에도 불구하고 모두가 부정할 수 없는 한 가지 사실은 하나님이 자녀와의 만남을 통해 우리 인생 여행을 이끄시고, 가르치시고, 말씀하신다는 점이다.

그렇다면 하나님은 왜 인생 여행의 중심에 자녀와의 만남을 주셨을까? 아직 자녀를 만나기 전이든, 이미 만난 경우이든 우리는 자녀와의 만남을 통해 하나님이 주시고자 하는 메시지를 깨달아야 한다.

나를 향한 아버지 하나님의 마음

부모라면 누구나 자녀를 긍휼히 여긴다. 돌아온 탕자의 비유로 유명한 누가복음 15장의 아버지를 보자. 재산을 탕진하고 돌아온 둘째 아들과 아버지의 만남 속에서 부모의 마음을 읽을 수 있다. 아버지는 아직도 거리가 먼데 저 멀리서 돌아오는 둘째 아들을 보고 측은히 여겨 달려가 목을 안고 입을 맞추었다. 이 극적인 만남은 매일같이 자식을 기다린 아버지의 긍휼의 마음에서 시작되었다.

하나님은 이사야 49장 15절에서 "여인이 어찌 그 젖 먹는 자식을 잊겠으며 자기 태에서 난 아들을 긍휼히 여기지 않겠느냐"라고 말씀하셨다. 아버지가 아들을 긍휼히 여기는 것은 당연한 일이다. 어떤 부모가 자녀를 잊어버릴 수 있겠는가. 그런데 하나님의 마음은 부모의 마음보다 한 차원 더 높다. "만에 하나 부모가 자녀를 잊을지라도 나는 너를 잊지 않겠다"라고 말씀하셨다. 하나님은 우리에 대한 사랑을 자녀를 향한 부모의 사랑을 통해 드러내고자 하신다.

어느 집사님의 이야기다. 지극히 평범한 가정을 이루신 그분께는 두 명의 자녀가 있었다. 첫째 아이는 건강했지만 둘째 아이는 많이 아팠다. 집사님은 태어날 때부터 부모의 마음을 수도 없이 조마조마하게 했던 둘째 아이를 키우며 하나님께 불평할 법도 했지만 오히려 신앙적으로 크게 성숙하셨다. 한번은 이런 이야기를 털어놓으셨다.

"둘째가 잔병치레도 많고 계속 병원을 다니는 입장이다 보니, 건강한 첫째 아이를 허락해 주신 하나님께 얼마나 감사한지 모르겠어요. 둘째 아이가 아니었다면 건강한 자녀를 주신 것에 감사하지 못했을 수도 있어요. 저는 늘 살얼음판을 걷듯 둘째 아이를 키우면서 조마조마한 마음이 많이 들었어요. 그런데 어느 날 아픈 아이 곁에서 숨소리까지 들으며 안타까워하고 있는데 그 순간, '아, 하나님도 우리가 아프면 이런 마음이시겠구나' 하는 깨달음이 왔어요. 그때 얼마나 눈물이 났는지 몰라요. 그날 이후부터 아이를 돌볼 때마다 하나님의 마음이 떠올라 위로가 되고 이겨 냅니다."

이렇듯 자녀를 낳고 키우면서 우리는 하나님 아버지의 사랑을 체험한다. 하나님 아버지의 눈물을 체험한다. 자녀를 위해 눈물을 흘릴 때마다 하나님 아버지의 마음을 느낀다. '내가 내 자녀를 위해 흘리는 눈물보다 더 많은 눈물을 하나님이 나를 위해 흘리고 계시는구나!'라는 사실을 깨닫게 하시려는 것이 바로 하나님이 우리에게 자녀를 허락하신 이유다.

이러한 경험은 어머니의 경우에 더 직접적으로 느낄 수 있다. 어머니는 자녀를 낳았기 때문에 자녀와의 관계가 더 끈끈할 수밖에 없다. 태중에 아이를 품고 불편함을 감내해야 했고, 두려운 마음으로 출산을 하고 난 뒤에는 키울 생각에 걱정이 태산 같았다. 그러다가 무엇과도 비교할 수 없는 고통과 함께 자신의 몸에서 태어난 자녀와 만나게 된 것이다. 그래서 어머니는 자녀를 볼 때마다 온몸이 반응하고, 온 마음이 움직인다. 어머니의 마음이 이러할진대 하물며 우리를 향한 하나님 아버지의 마음은 어떠할까?

자녀를 키우는 과정에서 부모로서 겪어야 할 일들이 참 많다. 특히 자녀가 아플 때면 '차라리 내가 대신 아팠으면' 하는 가슴앓이를 수도 없이 한다. 때로는 자녀를 혼내야 하는 순간도 온다. 그때마다 부모의 마음은 찢어진다. 자녀가 속을 썩일 때마다 절박한 심정으로 기도하게 되고, 이제 다 컸다고 반항하는 자녀에게 상처를 받기도 하며, 마음에 상처를 내는 것도 알면서 회초리를 들기도 한다. 그럼에도 부모는 자녀가 잘되기를 원하고, 건강하기를 바라며, 축복받고 행복하기를 소원한다.

자녀를 향한 부모의 마음에서 우리를 향한 하나님 아버지의 마음을 볼 수 있다(롬 8:15). 자녀가 때로는 연약해도, 속을 박박 긁고 속상하게 해도, 화를 내듯 짜증을 부려도 조금이라도 아프거나, 안 보이거나, 제때 오지 않거나, 연락이 없으면 잠시라도 참을 수 없고 견딜 수 없는 마음이 부모의 마음이다. 하나님 아버지의 마음도 그렇다. 내가 조금이라도 아버지의 품을 떠나 제멋대로 길을 가면 하나님 아버지께서는 나를 얼마나 찾으시는지, 어찌나 걱정하시는지, 나를 찾기 위해 얼마나 길을 헤매시는지 모른다. 성경은 이 마음이 '은혜'라고 표현한다.

그러므로 우리는 자녀를 만나면서 경험하게 되는 하나님의 사랑과 은혜를 깊이 묵상해야 한다. 자녀를 사랑할수록 하나님을 향한 사랑이 더욱 깊어지기 때문이다.

한번은 한 TV 프로그램에서 기자가 인터뷰를 했다. 자녀들이 아무도 찾아오지 않는 외딴 마을에 살고 있는 연세 많은 할머니들을 대상으로 한 인터뷰였다. 기자는 프로그램의 콘셉트에 맞게 외로운 분위기를 한껏 연출하기 위해 자꾸 부정적인 답을 유도하는 질문을 했다.

"아들 있어요? 한 번도 안 와요? 잘사는데 왜 안 와요?"

마이크를 들이대는 기자에게 할머니들의 대답은 한결같았다.

"걔들 바빠. 하는 게 많아. 안 그럼 얼마나 잘해 주는데."

찾아와 주지도, 연락 한 번 해주지 않아도 노모는 항상 자식들이 우선이었다. 문득문득 찾아오는 외로움과 고통보다 자식에 대한 사랑이 더하다. 하물며 그 마음보다 천 배, 만 배 이상이나 되는 완전하신 하나님의 사랑과 용서는 어떠하겠는가(애 3:22-23)?

자녀가 결혼 적령기에 있든지, 이미 손주가 있든지, 아니면 태어난 지 얼마 안 되었어도 상관없다. 우리 인생에서 자녀와의 만남은 매우 중요하다. 소중한 자녀와의 만남을 통해서 하나님은 우리에게 말씀하시고, 가르치시고, 깨닫게 하신다. 때로는 자녀의 실수를 통해서, 때로는 자녀의 성공을 통해서 하나님은 우리에게 말씀하신다. 그래서 자녀와의 만남은 하나님을 보게 한다.

자녀는 부모의 뒷모습을 보고 자란다

한 아들이 학교를 자주 빠지고 놀러 다녔다. 그 소식을 듣고 화가 난 아버지가 아들을 불러 놓고 무섭게 꾸짖었다. 실컷 혼을 낸 뒤 교육적인 차원에서 이렇게 덧붙였다.

"너 에이브러햄 링컨이 네 나이 때 뭘 했는지 알아?"

"몰라요."

시큰둥한 아들의 반응에도 아버지는 꿋꿋이 말을 이어 갔다.

"링컨은 네 나이에 집에서 쉴 틈 없이 공부했어! 그런데 넌 뭐니?"

그러자 아들이 어이없다는 표정을 지으며 말했다.

"아, 그 사람 저도 알아요. 아마 아버지 나이 때 대통령이었을 걸요?"

자녀들과 함께하는 시간이 늘 즐겁고 행복하기만 한 것은 아니다. 사실 내 마음 같지 않아서 힘들 때가 많다. 그러다 보니 핀잔을 주기도 하고 무리한 것을 요구하기도 한다.

"한 시간도 꼼짝 않고 공부할 수 없어?"

자신도 경험해 보지 못했던 것을 아이들에게서 보기 원한다. 이것은 신앙생활에서도 마찬가지다.

"목사님, 왜 우리 아이들이 큐티도 제대로 안 하고 말씀대로 살지 않는지 모르겠어요."

이런 말을 들으면 나도 모르게 그 부모님의 눈을 쳐다보게 된다. 그 눈빛 속에는 여러 가지 의미가 들어 있다. 과연 부모인 그분들이 자녀들 앞에서 성경을 읽고, 큐티를 하는 믿음의 본을 보여 주고 계시는지 가늠하고 싶어서다.

TV 프로그램 중에 꽤 장수했던 프로그램이 있다. "우리 아이가 달라졌어요"라는 육아 훈육에 대한 리얼 다큐 프로그램이었다. 그 프로그램은 아이들이 겪고 있는 다양한 문제들을 다루었다. 뭔가 마음대로 안 되면 일단 떼부터 쓰는 아이, 동생에게 절대 양보하지 않는 아이, 부모에게 욕을 하는 아이 등 문제가 적나라하게 드러났다. 처음에 부모의 속을 썩이는 문제 자녀를 지켜보고 있으면 마음이 불편해졌다.

그러나 프로그램이 진행될수록 자녀가 아닌 부모에게로 초점이 옮겨졌다. 아이가 일으키는 문제의 기저에는 반드시 부모가 있었기 때문이다. 부모가 원인 제공을 하고 있었던 것이다. 부모 안에 묻힌 문제가 자녀를 키우며 드러나기 시작했다. 전문가는 그 문제를 밝혀내고 원인을 해결해 나가며 달라진 가정의 모습을 그려 갔다. 그래서 사실 그 프로그램의 제목은 "우리 부모가 달라졌어요"가 되어야 더 맞겠다는 생각이 들었다.

우리는 자녀의 모습을 통해 나를 발견한다. 나의 문제, 나의 불안, 나의 불만을 자녀에게 투영시킨다. 자녀를 바라보면서 나는 정말 할 수 있는 것이 아무것도 없는 나약하고 연약한 존재임을 깨닫는다. 그때 비로소 자신의 진정한 모습을 보게 된다.

구약성경 열왕기를 보면, 이스라엘 왕들의 악행과 그 악행을 이어 가는 후대 왕들의 죄악의 고리들을 계속해서 보게 된다. 특히 '오므리 왕조'로 불리는 오므리, 아합, 아하시야, 여호람 시대의 우상 숭배와 악행은 극에 달했다. 사랑과 공의의 하나님이 엘리야도 보내시고, 엘리야보다 갑절의 영감을 부어 주셨던 엘리사도 보내셨지만 아버지도 아들도 하나님을 믿기는커녕 악행을 저지르기에 여념이 없었다. 형 아하시야와 동생 여호람이 한 아버지를 둔 형제인 것만 보아도 "그 아버지에 그 아들"이라는 말이 계속해서 증명된다(왕상 22:51-53, 왕하 1-3장).

문제는 부모다. 부모가 먼저 모범을 보여야 아이들이 따라 한다. 자녀는 부모의 뒷모습을 보며 자란다. 자라 가는 자녀들이 점점 더 나를 닮는 것을 보면 신비롭기도 하지만 때로는 두렵다. 부족하고 싫은 나의 모습을 어쩌면 그렇게도 빼닮았는지 모른다. 어떤 때는 그 모습이 견디기 힘들 때도 있다. 그래서 오히려 더 큰소리를 친다. 모든 것을 덮어

버리고 완전한 것처럼 속이면서 말이다. 하지만 마음속 깊은 한구석에 있는 '사실 나도 그러지 못했지'라는 불안한 마음이 자녀에게 고스란히 전달되고 있다는 사실을 알아야 한다.

자녀와 만남에서 우리는 우리 자신을 바라보아야 한다. 어둡고, 불완전하고, 불만족스러운 나를 제대로 바라보고 받아들여야 한다. 부모로서 자녀가 잘되고, 성공하고, 축복된 삶을 살기 원하는 것은 절대적인 마음이지만 그 뒤편에 나 자신을 위로하기 위한 변명은 없었는지 살펴봐야 한다. 내 삶의 불안정한 모습이 자녀에게 또 다른 압박으로 전달되고 있는 것은 아닌지 살펴봐야 한다.

자녀는 부모의 거울이다. 그러나 자녀는 결코 부모의 마음과 생각대로 되는 존재가 아니다. 부모의 마음과 같지 않다. 그러니 오히려 격려한다는 명목으로 협박하지 않아야 한다. 축복의 말을 쏟아붓지만 그것이 자신의 만족이 되어서는 안 된다. 우리는 한창 공부하는 자녀에게 최고의 점수를 강조한다. 그러고는 최고 점수를 받아 오면 더 상위의 기준을 요구한다. 자녀는 또 다른 기준을 향해 달려야 한다. 만족이란 없다. 이런 사이클은 불행하다.

자녀를 향한 조언은 '너 잘되라고 이야기하는 것'이 아니라 '내가 못했던 것을 해내고 있는 기특한 모습'을 칭찬하고 격려하는 것이다. 그래야 자녀를 통해 나를 만날 때 자기 자신과 화해할 수 있다.

반드시 물려주어야 할 믿음의 유산

지금도 인상적으로 기억에 남는 광고가 하나 있다. 해외에 나가 있는 아빠에게 한국에 있는 아들이 전화를 걸었다. 아들이 난생처음 100점을 받아 자랑하려고 전화했던 것이다. 전화를 받은 아빠는 신이 나서 화상 통화 화면을 향해 잇몸을 만개하며 웃었다. 기분이 한껏 올라갔다.

"와! 우리 아들! 대통령감이다. 그치?"

"응. 나 대통령 될 거야."

"그래, 우리 아들! 나중에 대통령 되면 아빠 뭐 시켜 줄 거야?"

이때 아버지의 동료들이 전화기 곁으로 모여들었다.

"뭔데? 뭔데?"

"김 과장 아들이 100점 받았대."

왁자지껄 말소리가 들려왔다. 아빠는 미래의 대통령이 될 아들이 어떤 벼슬을 내려 줄지 한껏 기대에 부풀어 대답을 기다렸다.

"아들! 우리 아들 대통령 되면 아빠 뭐 시켜 줄 건데? 응? 응?"

그러자 아들은 아주 곰곰이 생각하더니 무심하게 대답했다.

"음, 탕수육!"

아직 사태 파악을 못한 아버지의 동료가 눈치 없이 물었다.

"아저씨는? 아저씨는 뭐 시켜 줄 건데?"

"음, 같이 드세요!"

자녀는 부모의 면류관이다. 그래서 자녀가 작은 것 하나를 성취해도 세상을 다 얻은 기분이다. 물론 한창 사춘기를 지나는 자녀를 둔 부모라면 동의하지 않을 수도 있다. 불만 가득한 자녀들을 향해 칭찬 한번 해보라고 하면 대부분 긴 침묵을 지킨 끝에 "하나도 생각나는 것이 없어요"라고 말하는 모습을 종종 봤기 때문이다. 하지만 가만히 생각해 보면 자녀는 부모에게 큰 기쁨이었다. 자녀가 태어나는 순간 말할 수 없는 감동을 느꼈고, 냄새 나는 기저귀를 갈아 줄 때도 투정은커녕 향기롭다고 표현했다. 걸음마를 시작할 때의 감동은 또 어떠했는가? 게다가 아이들이 부모를 믿어 줄 때 느끼는 뿌듯함은 더욱 크다.

지금도 기억나는 일이 하나 있다. 아이들과 수영장에 갔을 때였다. 물을 무서워할 때였기에 내가 먼저 물에 들어간 뒤 말했다.

"뛰어내려! 아빠가 받을게!"

아이들은 물을 무서워했지만 아버지를 믿고 단번에 뛰어내렸다. 아이들을 받으면서 얼마나 뿌듯했는지 모른다.

자녀는 성장의 단계를 밟아 갈 때마다 부모에게 커다란 기쁨이 되어 준다. 문제는 부모가 그 기쁨의 순간을 종종 잊어버린다는 것이다. 그래서 어떤 때는 자녀를 고생덩어리, 골칫덩어리처럼 생각하기도 한다. 하지만 분명히 우리는 자녀로부터 말할 수 없는 기쁨과 감동을 받았다. 돈 천 원도 안 되는 작은 선물 하나를 천연덕스럽게 내미는 아이의 고사리 손이 얼마나 사랑스러웠는가? 또 사랑한다고 말해 주는 조그만 입술을 통해, 부모를 믿어 주고 손잡아 주는 모습을 통해, 칭찬 한마디 듣기 위해 아낌없이 한 몸 불사르던 그 발랄함을 통해 부모인 우리는 무한한 기쁨을 느꼈다.

그러니 좀 힘들어도 괜찮다. 이미 기쁨을 다 누렸기 때문이다. 조금 서운하거나 힘든 일이 생기면 지금까지 받았던 기쁨을 계산할 때가 되었다고 생각하면 된다. 시편 127편은 우리에게 분명히 말한다.

"보라 자식들은 여호와의 기업이요 태의 열매는 그의 상급이로다"(시 127:3).

자녀는 하나님의 기업이요, 선물이다. '내 자녀'라고 생각해서는 안 된다. 하나님이 우리에게 주신 자녀라고 생각하면 불안하지 않다. 자녀의 삶 가운데 하나님이 역사하시고 말씀하실 것이라 믿기 때문이다.

오드리 햅번(Audrey Hepburn)은 아름다운 외모로도 유명하지만, 그녀가 많은 여성의 롤모델이 되는 이유는 외모 때문이 아니다. 그녀의 삶 전반에 흐르는 향기 때문이다. 그녀는 아버지 때문에 지독히 힘들고 어려운 삶을 살았다. 그러던 1953년, 영화 〈로마의 휴일〉에서 세계적인 스타로 부상했고, 그 후 나오는 작품들마다 엄청난 인기를 끌었다.

그러나 그녀는 인기에 집착하지 않았다. 오히려 성공 후 섬김의 삶을 살기로 선택했다. 유니세프의 친선대사가 되어서 부르는 곳마다 달려가 섬김과 봉사를 실천한 것이다. 아름다운 외모보다 선한 행위가 더 향기롭게 되었다. 그녀는 세상을 떠날 때 네 명의 자녀들에게 이런 유언을 남겼다고 한다.

아름다운 입술을 가지고 싶으면 친절한 말을 하라. 사랑스런 눈을 갖고 싶다면 사람에게서 좋은 점을 봐라. 날씬한 몸매를 갖고 싶으면 너희 음식을 배고픈 사람과 나누어라. 아름다운 머리카락을 갖고 싶으면 하루에 한 번 어린이가 손가락으로 너희 머리를 쓰다듬게 하라. 아름다운 자세를 갖고 싶으면 결코 너 혼자 걷고 있지 않음을 명심하라. 사람들은 상처로부터 복구되어야 하며, 병으로부터 회복되어야 하고, 무지함으로부터 교화되어야 하며, 고통으로부터 구원받고 또 구원받아야 한다. 결코 누구도 버려서는 안 된다.
기억하라. 만일 도움의 손이 필요하다면 너의 팔 끝에 있는 손을 이용하면 된다. 보통 나이가 들면 손이 두 개라는 것을 발견하게 된다. 하나는 너 자신을 돕는 손이고, 다른 한 손은 다른 사람을 돕는 손이다.

과연 아름다운 배우의 더 아름다운 정신이 아닌가? 특히 자녀들에게 남긴 유언은 우리가 인생 여행의 중심부에 놓여 있는 자녀와의 만남에서 어떻게 행동해야 할지를 알려 준다.
우리는 신앙생활을 하면서 자녀에게 믿음의 유산을 물려주어야 한다는 말을 많이 한다. 믿음의 자녀가 되게 해달라고 기도한다. 그런데 믿음의 유산이 무엇인지 정확히 알지 못해서 이해 충돌이 일어난다. 부모가 자녀에게 전수해야 할 믿음의 유산은 세 가지다. 부모와 자녀가 함께한 좋은 기억, 바른 습관, 그리고 올바른 가치관이다.

하나님이 우리에게 맡기신 자녀는 때가 되면 부모처럼 하나님과 독립적인 관계를 형성하며 자라 간다. 그래서 우리에게는 시간이 많은 것 같지만 사실은 별로 없다. 이 세 가지 유산은 그리 길지 않은 자녀와의 만남에서 반드시 기억하고 전해 주어야 할 유산이다.

자녀는 곧 우리 품을 떠난다

하나님은 우리에게 주신 인생 여행 가운데 자녀와의 만남을 허락하셨다. 자녀를 통해 하나님을 보게 하시고, 나를 보게 하시고, 자녀를 보게 하신다. 자녀는 곧 우리 품을 떠난다. 그러므로 자녀와 함께할 수 있는 제한된 시간을 놓치지 말고 나를 보고, 자녀를 보고, 하나님을 바라봐야 한다. 누군가에게는 그 시간이 오고 있고, 누군가에게는 그 시간이 지나고 있고, 누군가에게는 그 시간이 이미 지나가 버렸다. 그러나 자녀에게 마음을 표현할 시간은 아직 유효하다.

한 어머니가 기숙사로 떠나는 딸에게 쓴 편지를 소개한다.

사랑하는 딸에게

열흘만 있으면 기숙사에 가니 미처 가르치지 못했던 많은 것들이 떠오르는구나. 지난날 부족했던 나를 생각하며 이 글을 쓴다. 똑똑하고 예쁘고 건강하게 자란 너를 보면서도 감사함을 크게 깨닫지 못한 사이에 어느덧 대학생이 되었구나. 너와 즐거운 시간을 많이 가져야 할 시기에 엄마는 그것을 미처 깨닫지 못하고 다시 오지 않을 시간을 보냈어. 그래서 마치 날아가 버린 새를 그리워하는 안타까운 마음뿐이란다.

어릴 적 네가 엄마에게 이야기하려 다가왔을 때 피곤하다고, 저녁 준비한다며 핑계 대며 미루고 시간을 함께하지 못했음을, 동생과 싸웠을 때 앉아서 너의 이야기를 충분히 들어 주지 못했음을 용서 바란다.

요즘은 네가 늘 밖에 나가니 이제는 반대로 엄마가 항상 너를 기다리며 즐거운 시간을 가지길 원하지만 충분한 시간이 없구나.

대학교에 가서 즐거운 시간을 많이 가지고 항상 하나님 말씀을 읽고 기도하기 바란다. 어렵고 마음이 아플 때 더욱 기도하는 것 잊지 말고 엄마한테 전화도 하려무나. 항상 너의 전화를 기다릴게.

많은 성경 구절이 있지만 오늘은 잠언 16장 9절 말씀을 전한다.

"사람이 마음으로 자기의 길을 계획할지라도 그의 걸음을 인도하시는 이는 여호와시니라."

딸의 꿈이 이루어지길 기도하는 사랑하는 엄마로부터

"고난당한 것이 내게 유익이라"(시 119:71).

때때로 우리는 우리가 당하는 고통을 다 이해할 수 없다. 그럼에도 믿음 가운데 하나님이 주신 약속의 말씀을 붙잡고 오늘의 고난과 고통을 통해 내게 선한 일을 이루시는 하나님의 은혜를 깨닫기를 기도해야 한다. 우리는 모두 "흔들리며 피는 꽃"과 같다.

8
인생 여행
고난과의 만남

**인생에는 고난이 있기 때문에
드릴 수 있는 기도가 있다**

한국 사람들은 몸에 좋다고 하면 무엇이든지 찾아서 먹는 것으로 유명하다. 때로는 정말 먹기 힘든 것들도 마다 않는다. 그런데 몸에 좋을 뿐 아니라 영혼에도 좋은 것이 있다면 어떨까?

성경은 우리 영혼에 좋은 것이 있다고 말한다. 그것이 바로 '고난'이다. 고난이 영혼에 좋다고 해서 고난을 찾고자 하는 사람은 없다. 굳이 사서 고생하는 사람은 없다는 뜻이다. 그럼에도 성경은 우리에게 "고난 당한 것이 내게 유익이라"라고 말한다.

이 말씀은 영어 성경에 "It was good for me"로 표현되어 있는데, 번역하면 "고난이 내게 좋았다"이다. '고난'의 히브리어 단어의 의미를 찾아보면 '위협하는', '문제가 있는', '낮아지는', '징벌을 받는', '받히고 아픈', '겸손해진', '약해진', '풀이 죽은'이라는 뜻을 가지고 있다. 즉 모든 연약함과 고통과 아픔을 포함하는 단어다. 그런데 성경은 이러한 고난이 우리에게 유익하다고 말한다. 만약 고난 가운데 놓인 분들이 있다면 이 말씀이 큰 은혜가 되지는 않을 것이다.

'이렇게 힘들고, 아프고, 절망적이고, 괴로운데 어떻게 고난이 내게 유익하다고 할 수 있는가?'

그런데도 성경은 계속해서 고난이 왜 우리에게 유익이 되는지, 우리의 몸과 마음과 영혼을 어떻게 유익하게 이끄는지에 대해 설명한다. 따라서 우리의 인생 여행 가운데 반드시 만나게 되는 고난과의 만남을 잘 해결해 나가기 위해서는 고난이 어떻게 우리의 여행길을 유익하게 하는지 살펴보아야 한다.

과거의 나를 돌아보며 회개의 무릎을 꿇게 한다

고난을 겪을 때 사람들은 가장 먼저 무슨 생각을 할까? 처음에는 고난이 주는 고통 때문에 마음이 어렵고 힘들지만 조금 지나면 왜 자신에게 이런 고난이 닥쳤는지 열심히 원인을 찾게 된다. 그러다가 결국 '내가 무엇을 잘못했나?' 하는 생각에까지 이른다.

시편 기자 역시 자신이 당한 고난에 대해 성찰했다. 시편 119편을 보면 그가 상당한 고난에 처했음을 알 수 있다. 어려운 과정을 겪은 뒤 그는 결국 고난의 의미를 깨달으며 "고난당하기 전에는 내가 그릇 행하였더니 이제는 주의 말씀을 지키나이다"(시 119:67)라고 고백했다. 이처럼 고난은 과거를 돌아보며 자신이 어떤 과오를 저질렀는지 알게 한다.

인생에서 고난을 만난 예로 탕자를 빼놓을 수 없다. 예수님의 잃어버린 아들의 비유에 등장하는 둘째 아들에게서 시편 기자와 동일한 모습을 찾아볼 수 있다. 아버지로부터 많은 재산을 분배받고 먼 나라에 갔을 때 그는 자신을 돌아보지 않았다. 그야말로 자신만만했다. 하지만 방탕한 생활로 모든 것을 잃고 난 후에는 달랐다. 고난을 당하고, 궁핍함을 경험하고, 핍절해지자 자신의 상황을 깨닫게 되었던 것이다.

이에 대해 성경은 두 가지 의미로 설명한다.

첫째, 그가 자기 자신으로 돌아왔다는 표현이다. 영어 성경에 따르면 "When he came to his senses", 즉 정신을 차렸다는 뜻이다. 고난 중에 있을 때 자신의 진정한 모습을 발견했던 것이다. 그는 다음과 같은 독백으로 자신의 처지를 한탄했다.

"내 아버지에게는 양식이 풍족한 품꾼이 얼마나 많은가 나는 여기서 주려 죽는구나"(눅 15:17).

둘째, 하나님을 멀리 떠난 자신의 과오를 처절하게 고백하는 참회다. 고난은 자신을 돌아보게 한다. 자신이 어떻게 여기까지 왔는지 스스로의 부족함과 허물을 돌아보게 한다. 뿐만 아니라 자신이 처한 상황과 현주소를 직면하게 한다. 그러므로 고난이 우리에게 유익한 이유는 다시금 우리 자신을 돌아보게 하시는 하나님의 메시지이기 때문이다. 그 메시지는 우리에게 하나님을 향한 새로운 변화의 기회를 준다.

영국의 유명한 기독교 작가인 C. S. 루이스(C. S. Lewis)는 『고통의 문제』에서 이렇게 말했다.

우리가 쾌락 중에 있을 때 하나님은 우리에게 다가오셔서 속삭이시지만 우리가 고통 중에 있을 때 하나님은 큰 소리로 고함을 지르신다.

쾌락에 빠져 있을 때는 하나님의 말씀이 들리지 않는다. 자기 자신이 최고라고 생각하기 때문이다. 하지만 고난을 당하고 고통 중에 있을 때는 비로소 자신을 돌아보게 된다. 그제야 하나님의 음성이 들린다. 우리를 향해 큰 소리로 고함을 지르시는 하나님의 메시지를 들을 수 있다.

'고통은 귀먹은 세상 사람들을 흔들어 깨우기 위한 하나님의 메가폰'이라는 그의 말을 다시금 마음에 새길 필요가 있다.

하나님을 바라보도록 안내해 준다

많은 성도의 간증을 듣다 보면 한 가지 공통점이 있다. 어렵고 힘든 과정을 이겨 낸 방법은 모두가 다양하지만 하나같이 그 결과 하나님과 친밀해졌다는 것이다. 이전까지 하나님과의 관계가 소원했다면, 아니 냉담했다면 이제는 누구보다 친밀하고, 그분의 음성에 귀 기울이는 가까운 관계가 되었다고 고백한다. 우리가 고난과의 만남에 희망을 가져야 하는 이유가 바로 여기에 있다. 고난과의 만남이 유익한 것은 하나님을 바라보도록 안내해 주기 때문이다.

"고난당한 것이 내게 유익이라 이로 말미암아 내가 주의 율례들을 배우게 되었나이다"(시 119:71).

시편 기자는 고난을 통해 주의 율례를 배웠다고 고백했다. 주의 율례는 마음에 새겨진 법이다. 고난을 통해 마음에 새겨진 주님의 법을 배우게 되었다는 뜻이다.

고난이 없다면 자신의 힘으로 모든 것을 할 수 있으며, 삶의 주인이 자신이라고 착각하기 쉽다. 그러나 우리는 비로소 고난을 통해서 우리가 스스로를 인도할 수 없다는 것과 우리 자신을 의지하고 이겨 낼 수 없다는 연약함을 깨닫게 된다. 그리고 이 깨달음을 넘어 모든 것을 가능하게 하시는 하나님을 바라보게 된다. 고난 때문에 주의 율례와 주의 역사하심을, 그리고 주의 방법과 주의 때와 주의 인도하심을 경험하게 되는 것이다. 그래서 시편 기자는 다음과 같이 말한다.

"나의 환난 날에 내가 주를 찾았으며"(시 77:2).

　환난과 고난이 있기 때문에 드릴 수 있는 기도가 있다. 그 후 믿을 수 없는 기적이 일어난다. 가까이 갈 수 없는 성소가 있고, 부를 수 없는 이름이 있다. 그래서 우리를 연약하게 하는 고난을 통해 우리는 하나님을 바라보게 된다. 고난 때문에 더욱 기도하게 된다. 고난이 없다면 하나님께 매달리지 않고, 하나님 앞에 겸손하게 무릎을 꿇지도 않는다. 그래서 성경은 고난당하는 것이 유익하다고 말한다. 그로 말미암아 주의 뜻을 배우게 된다고 말한다.
　이렇듯 고난과의 만남은 결국 하나님의 존전으로 다가서게 함으로 하나님을 똑바로 알고 배우게 만든다. 하나님과 친밀한 관계로 변화시키는 것이다.

이유를 알 수 없는 고난이 우리에게 닥칠 때

　그러나 정말 힘든 것은 원인조차 알 수 없는 고난이다. 마치 욥과 같이 순식간에 모든 것을 잃어버린 상황을 과연 우리는 어떻게 바라보아야 하는가? 주변의 많은 사람은 욥의 고난을 바라보면서 고난당하는 분명한 이유가 있다고 말한다. 하지만 성경에 기록된 욥은 하나님도 인정하신 당대 최고의 의인이었다. 즉 죄가 없었다는 뜻이다. 심지어 욥은 부지중에라도 죄를 범할까 두려워 자녀들의 삶까지 철저하게 관리한 사람이었다.

"그들이 차례대로 잔치를 끝내면 욥이 그들을 불러다가 성결하게 하되 아침에 일어나서 그들의 명수대로 번제를 드렸으니 이는 욥이 말하기를 혹시 내 아들들이 죄를 범하여 마음으로 하나님을 욕되게 하였을까 함이라 욥의 행위가 항상 이러하였더라"(욥 1:5).

그런 욥이 모든 재산을 몰수당하고, 자식도 잃고, 심지어 자신까지도 병들어 신음했다. 게다가 우리가 보는 욥기의 결말은 명확하지가 않다. 유교에서 흔히 말하는 인과응보(因果應報)와 권선징악(勸善懲惡) 논리와도 거리가 멀다. 오직 그에게 고난을 허락하신 하나님만이 알고 계신다.

우리 삶의 모습도 마찬가지다. 갑작스러운 사건과 사고로 사랑하는 가족을 잃고, 원인을 알 수 없는 병마와 싸우다 허망하게 세상을 떠나는 영혼들이 오늘도 수없이 많다. 정말 고통스러운 사실은 원인조차 알 수 없는 현실이다. 현실이라는 높은 벽 앞에 주저앉아 하염없이 눈물을 흘릴 수밖에 없는 삶이 늘 우리 주변에 고통의 메아리가 되어 맴돌고 있다. 그럼에도 처절한 상황 속에서 이렇게 고백하는 욥의 믿음이 그저 놀랍기만 할 뿐이다.

"그러나 내가 가는 길을 그가 아시나니 그가 나를 단련하신 후에는 내가 순금같이 되어 나오리라"(욥 23:10).

극심한 고난을 이겨 낸 한 신실한 그리스도인의 간증을 들은 적이 있었다. 그는 외국계 회사의 팀장으로 재직하면서 그야말로 승승장구하며 탄탄대로를 걸은 인재였다. 그러던 어느 날, 갑자기 원인을 알 수 없는 극심한 열감기로 급히 응급실에 실려 갔다. 그런데 병명은 단순한 열감기가 아니라 폐혈증이었다. 그는 순식간에 죽음의 위기에 내몰리게 되었다. 원인 모를 균이 폐에 침입했고, 이 균이 독이 되어 온몸의 혈관으로 퍼져 사지가 마비되고 피부가 썩는 엄청난 일이 일어났다. 결국 생사를 오가는 몇 번의 대수술 끝에 겨우 살아났다. 하지만 결과는 처참했다. 두 다리와 한쪽 팔이 절단되고, 심지어 남은 팔도 손가락 하나만 겨우 남겨두고 모든 기능을 상실해 버렸다. 살아 있으나 죽은 것보다 못한 형편이 되었다.

그도 처음에는 자신에게 펼쳐진 이해할 수 없는 현실 앞에 좌절했다. 삶의 모든 것이 무너졌다. 재활을 해도 다시 걸을 수 없다는 의사의 소견을 듣고는 스스로 목숨을 끊을 마음까지 먹었다. 그런데 그 순간 사지가 마비되고 절단되어 누워 있을 수밖에 없는 그의 침상에 하나님이 세미한 음성으로 찾아오셨다. 하나님이 그의 삶을 붙들게 하셨다. 하나님의 음성을 들은 그는 일어섰다. 극한의 노력과 인내로 모든 재활 훈

련을 감내했다. 그리고 기적적으로, 결코 일어설 수 없다는 모두의 판단을 극복하고 의족을 달고 걸었다.

현재 그는 전동 휠체어에 의존하는 삶을 살아간다. 그런데 그는 장애를 가졌음에도 불구하고 현재의 삶이 이전보다 훨씬 더 행복하고 감사하다고 고백한다. 원인을 알 수 없는 고난때문에 고통스러웠지만 자신에게 임했던 하나님의 섭리로 다시 살아날 수 있었다는 사실 자체만으로도 얼마나 감사해하는지 모른다. 그는 이렇게 고백한다.

"인간의 진짜 장애는 기능을 상실한 육신이 아니라 하나님을 모르는 영혼입니다."

하나님은 우리의 알 수 없는 고난 속에서도 우리와 함께하시는 분이다. 우리가 고난당하는 이유를 모르고, 결론조차 나지 않은 상황일지라도 하나님은 결코 우리를 버리지 않으신다. 욥은 이 약속을 믿었다. 우리도 이 약속을 붙들어야 한다. 숱한 어려움 속에서도, 감당하기 힘든 고통 속에서도 이 약속이 다시금 우리를 일으켜 세우는 능력이 되기 때문이다.

고난을 바라보는 열린 눈

좋은 가정에서 자라 무탈하게 성장한 한 자매를 만난 적이 있었다. 자매는 집안 좋고 학벌 좋은 청년과 만나 결혼을 한 뒤 자녀를 얻었다. 여기까지는 평탄한 인생이었다. 그런데 하나님이 허락하신 자녀에게 문제가 발생했다. 태어난 지 1년쯤 지났을 때 자녀에게서 이상 증세가 발견되었다. 사람과 눈을 마주치지 않더니 옹알이도 전혀 하지 않았다. 알고 보니 자폐 증상이 있었다.

자매는 절망했다. 왜 자신에게 이런 고통스런 일이 일어났냐며 하나님을 원망하기도 했다. 이유 없이 고통을 허락하신 하나님을 향해 냉담한 시간을 보내기도 했다. 하지만 하나님은 자매를 사랑하셨고 기다려 주셨다. 자매는 자녀를 위해 기도하는 시간을 다시 회복하며 눈물로 하나님 앞에 나왔다.

자폐아인 아이를 품에 안고 기도하게 된 자매는 서서히 달라졌다. 이전까지만 해도 자기 가족이 우선이던 내성적인 자매가 다른 자녀들을 바라보게 되었다. 장애인 교구에 속해 자녀와 함께 다니면서 다른 자녀들을 돌보아 주었다. 상황은 조금씩 다르지만 고난당하는 이웃의 고통을 온몸으로 나누게 된 것이다. 그러면서 자폐아를 둔 부모들과 함께 기도 모임을 만들고, 자녀들을 위한 프로그램을 기획하고 함께 산을 올랐다.

이 프로그램이 점점 알려지면서 자폐아를 둔 부모들이 모임에 들어왔고, 그들은 고난당하는 이웃과 함께 기도했다. 이제 자매는 자신에게 허락하신 자녀를 통해 하나님이 하시려는 일이 무엇인지 깨달았다고 고백한다. "이웃을 돌아보라"라는 하나님의 사명을 죽을 때까지 따르며 살겠다고 다짐한다.

  고난과의 만남은 자신을 돌아보게 하며 하나님 앞으로 나아가게 한다. 그리고 이웃을 돌아보는 데까지 확장된다. 일반적으로 자신이 고통 당하지 않을 때는 남의 고통을 보면서도 무관심하게 느껴지기 쉽다. 진심을 다해 바라보는 일이 어렵다. 진정으로 함께 아파할 수 없다. 그러나 무덤덤하게 바라보았던 누군가의 고통을 직접 당하게 되면 달라진다. 그제야 그 고통이 지금까지 경험해 왔던 어떤 고통보다도 극심한 것임을 비로소 깨닫게 된다. 또한 그동안 이웃의 아픔과 고통을 함께 나누지 못했다는 사실을 느끼게 된다.

  그래서 성경은 우리가 고통을 겪을 때 함께 고통 가운데 처한 이들의 눈물을 이해하며 울 수 있고, 그들의 아픔을 돌아보는 은혜를 체험할 수 있다고 말한다. 예수님도 우리를 위해 고난을 받으셨다. 그분은 모든 고난을 당하셨기에 당연히 우리의 고난과 수고도 아신다.

> "그러므로 우리에게 큰 대제사장이 계시니 승천하신 이 곧 하나님의 아들 예수시라 우리가 믿는 도리를 굳게 잡을지어다 우리에게 있는 대제사장은 우리의 연약함을 동정하지 못하실 이가 아니요 모든 일에 우리와 똑같이 시험을 받으신 이로되 죄는 없으시니라 그러므로 우리는 긍휼하심을 받고 때를 따라 돕는 은혜를 얻기 위하여 은혜의 보좌 앞에 담대히 나아갈 것이니라"(히 4:14-16).

주님은 우리의 고난을 아실 뿐만 아니라 함께 느끼신다. 이 사실은 우리가 도움을 얻기 위해 은혜의 보좌 앞에 담대히 나아갈 수 있는 이유가 된다. 그래서 위로의 하나님을 체험한 우리가 그분을 힘입어 이웃을 위로할 때 그 자리는 고난이 축복으로 바뀌는 역사의 현장이 된다.

때로 고난은 우리의 사명의 시작일 수도 있고, 새로운 사역의 시작일 수도 있다. 고난은 하나님의 부르심일 수도 있고, 주변의 영혼들을 향한 사랑과 희생과 헌신의 첫 발걸음일 수도 있다. 또한 고통을 바라보는 열린 눈이 될 수 있다.

미국의 에디 폴라드라는 여인에 관한 이야기다. 똑똑했던 그녀는 보스턴에서 공부를 마치고 하나님의 부르심에 순종해 선교사가 되기를 원했지만, 신경 계통의 질병으로 큰 어려움을 겪었다. 설상가상으로 재정 후원을 얻을 수가 없었다. 할 수 없이 임시로 일자리를 얻어 학생들을 가르치면서 육체의 가시와 하나님의 부르심에 대한 회의로 힘들고 어려운 시간을 보냈다.

그러던 중 어느 기도회에서 한 할머니가 기도하시는 모습을 보게 되었다. 할머니는 하나님께 기도하며 이렇게 고백하고 있었다.

"주님이여, 우리의 생애에 어떤 일이라도 좋으니 주님의 뜻과 섭리만이 우리에게 이루어지게 하소서!"

할머니의 기도를 듣던 그녀는 큰 감동을 받았다. 마음에 자리 잡았던 무거운 짐들이 다 사라지면서 힘들고 어려운 상황 가운데 놓인 하나님의 뜻, 하나님의 섭리, 그분의 역사하심 앞에 비로소 무릎을 꿇게 되었다. 그리고 그 감동으로 펜을 들고 자신의 고백을 써 내려갔다. 그 고백은 우리가 잘 알고 사랑하는 유명한 찬송가가 되었다. 새찬송가 425장, "주님의 뜻을 이루소서"다.

주님의 뜻을 이루소서 고요한 중에 기다리니 / 진흙과 같은 날 빚으사 주님의 형상 만드소서 / 주님의 뜻을 이루소서 주님 발 앞에 엎드리니 나의 맘속을 살피시사 눈보다 희게 하옵소서 / 주님의 뜻을 이루소서 병들어 몸이 피곤할 때 / 권능의 손을 내게 펴사 강건케 하여 주옵소서 주님의 뜻을 이루소서 온전히 나를 주장하사 / 주님과 함께 동행함을 만민이 알게 하옵소서.

때때로 우리는 우리가 당하는 고난을 다 이해할 수 없다. 그럼에도 성도는 성경이 말하는 고난의 신비를 깨닫기를 간구해야 한다. 믿음 가운데 하나님이 주신 약속의 말씀을 붙잡고 오늘의 고난과 고통을 통해 내게 선한 일을 이루시는 하나님의 은혜를 깨닫기를 기도해야 한다. 하나님은 고난 속에서도 여전히 우리와 함께하시고 역사하신다.

"사람의 행위가 여호와를 기쁘시게 하면 그 사람의 원수라도 그와 더불어 화목하게 하시느니라"(잠 16:7).

우리 인생 여행에는 얼마든지 좋고 아름다운 만남들이 있다. 그러나 또한 부인할 수 없는 것은 "원수는 외나무다리에서 만난다"라는 속담처럼, 누구나 어느 한 시점에서는 빗겨 갈 수 없는 원수와의 만남을 갖게 된 사실이다. 원수 없는 삶은 없다. 원수는 저 멀리 있는 사람이 아니다. 많은 것을 나누었던 사람, 많은 것을 함께했던 사람이다. 그래서 더 아프고, 더 고통스럽다.

9
인생 여행
원수와의 만남

차라리 안 만났다면 좋았을 원수의
앞에서, 위에서, 옆에서 하나님은 일하신다

한 목사님이 설교하다가 성도들에게 물었다.

"여러분 중에 원수가 한 명도 없는 분은 손을 들어 보십시오."

그러자 많은 사람이 손을 들었다. 다시 질문했다.

"양심적으로 솔직하게, 진짜 원수가 한 명도 없는 분만 손을 들어 보십시오."

그러자 다른 사람들은 다 손을 내렸는데 93세 되신 노권사님 한 분만 끝까지 손을 들고 계셨다. 그래서 목사님이 다시 물었다.

"아니, 권사님! 정말 원수가 한 사람도 없으세요?"

그러자 권사님은 이렇게 답하셨다.

"목사님! 저 진짜 원수 없어요. 있었는데, 이제 다 죽고 없어요."

생각해 보면 맞는 말이다. 93세 되신 노권사님의 원수들은 다 돌아가셨는지도 모른다. 그러나 한편 '그분들이 다 돌아가신 뒤 또 다른 원수가 생기지 않았을까?'라는 생각을 해보게 된다.

정도의 차이는 있을지 몰라도 우리는 누구나 자신을 힘들게 하고, 아프게 하는 사람, 그래서 생각하고 싶지도 않은 사람에 대한 흔적을 가지고 있다.

비껴갈 수 없는 질긴 인연, 원수

"불공대천지수(不共戴天之讐)"라는 말이 있다. 한 하늘 아래서는 같이 살 수 없는 원수, 즉 원한이 있는 사람을 뜻한다. 영어로 'revenge'로서 '복수'라는 뜻을 갖는다. 그 사람을 생각만 하면 복수하고 싶은 생각이 드는 것이다.

누구나 대하기 힘들고 어려운 사람들이 있다. 그들을 넓은 의미에서, 혹은 좁은 의미에서 '원수'라고 부르곤 한다. 가급적 없으면 좋겠지만 원수 없이 세상을 살아가기란 어려운 일이다.

성경에도 서로 원수지간이었던 인물들의 이야기가 여러 번 등장한다. 예를 들어, 아브라함의 아내인 사라와 여종 하갈은 원수지간이었다. 한 남자의 사랑을 차지하기 위한 두 여인의 질투는 생각만 해도 혈투가 예상된다. 또한 이스라엘의 첫 번째 왕이었던 사울도 그의 후계자로 떠오른 다윗을 원수처럼 여겼다. 다윗의 입장에서 사울은 하나님이 세우신 왕이므로 절대로 손을 대어서는 안 되었지만, 사울은 자신은 천천이요, 다윗은 만만이라는 백성의 환호성 때문에 생긴 질투로 기회만 있으면 다윗을 죽이려고 했다.

그리고 빼놓을 수 없는 원수지간이 있다. 사무엘상 1장에 등장하는 엘가나의 두 아내 한나와 브닌나다.

"여호와께서 그에게 임신하지 못하게 하시므로 그의 적수인 브닌나가 그를 심히 격분하게 하여 괴롭게 하더라 매년 한나가 여호와의 집에 올라갈 때마다 남편이 그같이 하매 브닌나가 그를 격분시키므로 그가 울고 먹지 아니하니"(삼상 1:6-7).

브닌나는 남편의 사랑 대신 자식이 있었고, 한나는 끝없는 남편의 사랑은 있었지만 자식이 없었다. 그러니 브닌나에게 한나는 눈엣가시 같은 존재였다. 그리고 한나에게 브닌나는 고통 그 자체였다. 둘은 서로를 보듬어 줄 수 없는 관계였다. 서로에게 고통과 아픔, 눈물을 주는 원수지간이었던 것이다.

나 또한 '원수'라는 말을 떠올린 적이 있었다. 예전에 섬겼던 교회에서 경험했던 일이다. 그 교회는 내가 부임하기 전에도 힘들고 어려운 일들이 많았다. 그러다 보니 부임했을 때는 이미 사람들이 많은 상처를 주고받은 상태였다. 상처를 많이 받다 보면 자기도 모르게 남에게 상처를 주기 쉽다. 문제는 정작 자신은 그 사실을 모르고 있다는 것이다. 따라서 나 역시 여러 모양으로 상처를 받았다. 얼마나 힘들고 어려웠던지 그 과정을 지나면서 하나님 앞에 이렇게 기도했던 기억이 난다.

"하나님, 제가 힘든 것은 다 괜찮은데, 제 소원 한 가지만 들어주십시오. 제가 이 교회를 사임하고 떠날 때 저를 가장 힘들게 했던 사람들 중에 다섯 명만 공개하게 해주십시오. 많이도 아니라 딱 다섯 명만요."

그리고 그날부터 목록을 만들기 시작했다. 목록에 올라가는 대상이 매주 바뀌기도 했다. 그렇게 힘들게 매주를 보냈는데, 정작 목록에 적힌 사람들은 나를 힘들게 하는지조차 몰랐다. 속이 뒤집어졌다. 어떤 성도들은 나의 마음도 모르는 채 교회에는 그런 사람도 있어야 한다며 오히려 칭찬하기도 했다. 그 말을 들을 때면 형언할 수 없는 아픔과 고통이 느껴졌다.

그리고 6년의 시간이 지났다. 내가 그 교회를 떠날 때 매주 작성했던 원수들의 목록을 공개했을까? 아니다. 6년이 지나고 나니 다 이해하고 용서하게 되었다. 오히려 그분들을 통해 은혜를 입은 경우가 더 많았다.

원수 없는 삶은 없다. 원수란 우리를 힘들게 한 사람, 우리를 불행하게 만든 사람, 우리에게 상처를 준 사람을 의미한다. 원수는 저 멀리 있는 사람이 아니다. 내게 상처와 고통을 주려면 내 주변에 굉장히 가까이 있어야 한다. 많은 것을 나누었던 사람, 많은 것을 함께했던 사람이다. 그래서 더 아프고, 더 고통스럽다. 그것 때문에 내 인생이 흔들리는 것 같다. 그로 인해 우리가 불행해진 것 같다.

'원수' 하면 빠지지 않고 등장하는 단어가 있다. 바로 '분노'다. 원수만 생각하면 갑자기 속에서 불이 나기 시작한다. 배 속이 뒤집어지기 시작한다. 피가 거꾸로 솟는 것 같다. 그 사람에 대한 긍정적인 이야기를 조금이나마 듣게 되면 견딜 수 없는 분노가 엄습해 오는 것 같다. 우리 주변의 원수들 가운데는 소유물(재산)과 관련해 우리를 힘들게 하는 경우도 있다. 때때로 말과 행동으로 고통을 주기도 한다. 그들은 정말 가까우면서도 너무나 먼 사람들이다.

물론 우리 인생 여행에는 얼마든지 아름다운 만남들이 있다. 그러나 또한 부인할 수 없는 것은 "원수는 외나무다리에서 만난다"라는 속담처럼, 누구나 어느 한 시점에서는 비껴갈 수 없는 원수와의 만남을 갖게 된다는 사실이다. 그렇다면 하나님은 원수와의 만남에 대해서 어떻게 생각하시며, 무슨 말씀을 하실까? 하나님은 성경을 통해 인생 여행 중에 만나게 되는 원수와의 만남에 대해 우리에게 메시지를 전달하신다.

원수 앞에서 하나님은 밥상을 차려 주신다

성경에 등장하는 몇 안 되는 여인 중 이방의 포로로 잡혀 가서 한 나라의 왕후의 자리에 오른 인물이 있다. 에스더가 그 주인공이다. 에스더는 포로의 신분이었지만 하나님의 은혜로 아하수에로 왕의 왕후로 간택되는 영광을 누렸다. 그렇지만 그녀 앞에는 자기 민족의 생존을 위협하는 하만이라는 원수가 있었다. 그는 왕의 총애를 받는 신하로서 모든 권력을 누렸으며 교만이 하늘을 찔렀다.

그런데 하루는 하만에게 심정이 상하는 일이 생겼다. 자신을 최고로 여겼던 왕이 에스더의 사촌인 모르드개를 총애한 일이 벌어졌던 것이다. 하루는 왕이 하만을 불러 자신이 존귀하게 하기를 원하는 사람에게 어떻게 하면 좋을지 물었다. 당연히 하만은 자신을 염두에 두고 이야기한 것으로 착각했다. 그래서 왕이 입는 왕복을 입히고, 왕이 타는 말에 태워 성중 거리를 다니며 "왕이 존귀하게 하기를 원하시는 사람에게는 이같이 할 것이라"(에 6:9)라고 선포하도록 하는 것이 좋겠다고 아뢰었다.

그 이야기를 들은 왕은 대궐 문에 앉은 유다 사람 모르드개에게 그같이 하도록 명령을 내렸다. 존귀함을 받기 원하는 대상이 모르드개였다는 사실을 알게 된 하만은 심히 불쾌해졌다. 왕의 명령이니 모르드개에게 왕의 옷을 입히고 왕의 말을 태워 성중 거리를 다니며 왕의 메시지를 선포하도록 했지만 그 일로 하만은 심한 굴욕감을 느끼며 번뇌했다. 결국 자신에게 굴욕감을 안겨준 에스더 왕후와 그의 사촌인 모르드개를 죽이기 위한 모략을 계획하게 되었다.

이스라엘 민족을 위협하던 하만의 이야기는 이렇게 끝나지 않는다. 하나님은 모르드개와 에스더의 위기, 이스라엘 민족의 위기를 해결해 주셨다. 하만이 자신을 비롯한 이스라엘 민족을 멸하려고 모략을 꾸민다는 사실을 알게 된 모르드개는 에스더를 찾아가 왕후로서 이 일을 해결해야 한다고 말했다. 이에 에스더는 민족과 함께 사흘간 금식하며 기도한 뒤 "죽으면 죽으리이다"라고 하며 왕 앞으로 나갔다.

왕의 은혜를 입은 에스더는 왕을 위한 잔치에서 왕 앞에 나섰다. 어느 때보다 아름다운 왕후를 본 왕은 그녀의 소원을 다 들어주겠다고 약속했고, 이후 왕후 에스더는 "왕이 좋게 여기시면 내 소청대로 내 생명을 내게 주시고 내 요구대로 내 민족을 내게 주소서"(에 7:3)라고 말했다. 그리고 자신의 민족이 도륙과 진멸함을 당하게 되었다며 하만의 소행을 낱낱이 밝혔다.

에스더의 말을 들은 왕은 심히 노하며 그 자리를 떠났다. 이에 원수 하만은 다급한 마음에 에스더가 앉은 걸상 위에 엎드려 생명을 구했다. 그때 다시 자리로 돌아온 왕이 그 모습을 보고 크게 오해를 하게 되었고, 그 자리에서 하만을 죽일 것을 명령했다. 그렇게 하만은 장대에 매달려 최후를 맞이했다. 하만이 매달려 죽임을 당한 장대는 그가 모르드개를 매달아 죽이려고 했던 장대였다. 하만이 죽임을 당함으로 에스더를 비롯한 이스라엘 민족은 다시 살길을 얻게 되었다. 신실하신 하나님이 원수 앞에서 극적인 반전 드라마를 연출하셨기 때문이다.

우리 삶을 위협하는 수많은 원수 앞에서 하나님은 상을 베푸신다. 시편 기자는 이렇게 고백했다.

"주께서 내 원수의 목전에서 내게 상을 차려 주시고 기름을 내 머리에 부으셨으니 내 잔이 넘치나이다"(시 23:5).

여기서 '상'은 문자 그대로 밥상을 말한다. 목자 되신 주님은 원수의 목전에서 내게 밥상을 차려 주시고 내 잔을 채우신다. 하나님이 원수 앞에서 나의 편이 되어 주시겠다는 뜻이다. 원수 앞에서 보란 듯이 내게 은혜를 베풀어 주시겠다는 의미다. 상황은 힘들고 어렵지만 하나님이 견딜 수 있고, 이겨 낼 수 있는 은혜를 주신다. 우리는 그 은혜 가운데 다시 일어설 수 있다.

성경은 우리에게 약속하고 있다. 우리가 믿는 전능하신 하나님은 두려운 상황에서도 우리를 돕는 피난처가 되시고, 절망 속에서도 우리를 지키는 요새가 되시어 사냥꾼의 올무처럼 우리를 조이는 원수 앞에서 멋지게 밥상을 베풀어 주신다(시 91:1-3). 하나님은 원수 앞에서 우리에게 은혜를 부어 주신다. 그러므로 우리는 원수 앞에서 하나님이 차려 주시는 멋진 밥상을 기대해야 한다.

원수 위에서 하나님은 공의롭게 갚아 주신다

원수들 앞에서도 우리는 우리의 일을 해야 한다. 그 이유는 원수 갚는 일에 대한 하나님의 기준이 있기 때문이다. 그 기준은 바로 '하나님의 공의'다.

"네 원수가 주리거든 먹이고 목마르거든 마시게 하라 그리함으로 네가 숯불을 그 머리에 쌓아 놓으리라"(롬 12:20).

'숯불을 머리에 쌓아 두는 것'은 하나님의 심판을 의미한다. 하나님이 심판하실 테니 우리는 선행을 베풀라는 뜻이다. 우리는 그저 하나님의 공의로우심을 신뢰하면 된다.

선을 악으로 갚는 사람은 악한 사람이다. 악을 악으로 갚는 사람은 일반적인 사람이다. 그러나 한 걸음 더 나아가 선으로 악을 갚는 사람은 성경적인 사람이다. 그는 원수 갚는 것을 하나님께 맡긴다. 잠언은 "누구든지 악으로 선을 갚으면 악이 그 집을 떠나지 아니하리라"(잠 17:13)라고 분명히 말하고 있다. 하나님은 우리가 악에 머무는 것을 원하지 않으신다. 그래서 하나님이 갚아 줄 테니 우리는 선을 행하라고 말씀하신다.

하나님은 공의롭고 정의로우시다. 우리는 우리 삶의 모든 것을 아시는 하나님 앞에 원수를 내려놓고 맡기면 된다. 시편을 보면 시편 기자가 자신의 대적에 대한 억울함과 원수 갚음에 대해 하나님께 얼마나 많이 호소하고 있는지 모른다. 시편 3편의 고백을 보자.

"여호와여 나의 대적이 어찌 그리 많은지요 일어나 나를 치는 자가 많으니이다 많은 사람이 나를 대적하여 말하기를 그는 하나님께 구원을 받지 못한다 하나이다 (셀라) 여호와여 주는 나의 방패시요 나의 영광이시요 나의 머리를 드시는 자이시니이다 내가 나의 목소리로 여호와께 부르짖으니 그의 성산에서 응답하시는도다 (셀라) 내가 누워 자고 깨었으니 여호와께서 나를 붙드심이로다 천만인이 나를 에워싸 진 친다 하여도 나는 두려워하지 아니하리이다 여호와여 일어나소서 나의 하나님이여 나를 구원하소서 주께서 나의 모든 원수의 뺨을 치시며 악인의 이를 꺾으셨나이다 구원은 여호와께 있사오니 주의 복을 주의 백성에게 내리소서 (셀라.)"

시편 기자는 "여호와여 나의 대적이"라고 하며 원수에 대해 기도하는 모습을 보여 준다. 그때 하나님은 "내가 하겠다. 내가 공의를 행하겠다. 내가 다 안다"라고 말씀하신다. 원수들의 머리 위에서 말이다. 우리는 원수 위에서 가만히 서서 하나님이 공의롭게 원수를 갚아 주시는 모습을 지켜보면 된다.

"내 사랑하는 자들아 너희가 친히 원수를 갚지 말고 하나님의 진노하심에 맡기라 기록되었으되 원수 갚는 것이 내게 있으니 내가 갚으리라고 주께서 말씀하시니라 네 원수가 주리거든 먹이고 목마르거든 마시게 하라 그리함으로 네가 숯불을 그 머리에 쌓아 놓으리라"(롬 12:19-20).

원수 옆에서 하나님은 사랑과 용서를 권하신다

보기만 하면 원수처럼 으르렁거리며 살던 부부가 있었다. 서로를 '원수'도 아닌 '웬수'라 부르며 살던 부부였는데, 어느 주일에 아내만 교회에 가고 남편이 가지 못했다. 그런데 이상한 일이 일어났다. 주일 예배를 마치고 막 집에 들어온 아내가 180도 변한 것이었다. 남편에게 얼마나 친절하게 잘해 주던지, 그 모습에 은혜를 받은 남편은 생각했다.

'목사님이 정말 좋은 말씀을 전해 주셨나 보다. 아내가 큰 은혜를 받고 변화를 받았구나.'

그래서 다음 주에 목사님을 찾아가 여쭈었다.

"목사님, 지난주 설교 제목이 무엇이었습니까? 남편에게 잘하라는 것이었습니까?"

그러자 당황한 목사님이 알려준 설교 제목은 "원수를 사랑하라"였다고 한다.

우리는 원수와의 만남에서 원수를 대적하는 일을 하나님께 맡기거나 원수 앞에서 은혜를 주시는 하나님께 도움을 청할 수는 있다. 그러나 성경이 말하는 "원수를 사랑하라"라는 대목에서는 그대로 멈춰 버린다. '어떻게 원수를 사랑하는 일이 가능할까?'라는 의문이 들기 때문이다. 그리고 또 하나, '꼭 원수를 사랑해야만 하는가?'라고 질문하게 된다. 우리는 두 가지 질문 때문에 힘들어한다. 하나님의 명령에 순종하고 싶지 않기 때문이다. 그럼에도 성경은 그리스도의 자녀로서, 예수 그리스도를 아는 자로서 우리는 원수를 사랑해야 한다고 말한다.

"또 네 이웃을 사랑하고 네 원수를 미워하라 하였다는 것을 너희가 들었으나 나는 너희에게 이르노니 너희 원수를 사랑하며 너희를 박해하는 자를 위하여 기도하라 이같이 한즉 하늘에 계신 너희 아버지의 아들이 되리니 이는 하나님이 그 해를 악인과 선인에게 비추시며 비를 의로운 자와 불의한 자에게 내려 주심이라 너희가 너희를 사랑하는 자를 사랑하면 무슨 상이 있으리요 세리도 이같이 아니하느냐"(마 5:43-46).

하나님은 왜 우리에게 힘든 원수를 사랑하라고 요구하셨을까? 혹 하나님이 원수를 더 두둔하시는 것은 아닌지 의문이 살짝 들 수도 있다. 그러나 오해하지도, 의심하지도 말자. 하나님은 우리를 원수보다 더 사랑하신다. 하나님이 우리에게 원수를 사랑하라고 말씀하신 것은 사실 원수를 위한 것이 아니라 우리를 위한 것이다. 원수를 사랑하지 못하고 용서하지 못할 때, 여전히 원수와의 관계 가운데 아프고, 힘들고, 어렵고, 아무것도 할 수 없는 우리의 모습을 보실 때 하나님은 마음 아파하신다. 우리가 자유롭기를 원하시는 것이다.

원수를 사랑하지 않고 용서하지 않으면 마음에 평강이 없다. 상처가 아물지 않는다. 어떻게 원수를 사랑할 수 있는지를 묻는 우리에게 하나님은 예수 그리스도의 십자가 사랑으로 가능하다고 지적하신다. 주님은 십자가에 달리실 때 자신을 십자가에 못 박는 이들을 향해 이렇게 말씀하셨다.

"아버지 저들을 사하여 주옵소서 자기들이 하는 것을 알지 못함이니이다"(눅 23:34).

십자가 위에서 자신을 저주한 영혼들을 불쌍히 여기는 마음이 바로 예수님이 원수를 사랑하시는 방식이다. 우리는 모두 예수님의 사랑과 용서를 받은 존재다. 그러므로 용서받은 은혜와 사랑을 용서할 수 없는 자들에게 나눠야 한다.

우리는 매번 주기도문을 외울 때마다 "우리가 우리에게 잘못한 사람을 용서하여 준 것같이 우리 죄를 용서하여 주시고"라고 고백한다. 이 기도문 앞에서 자유로울 수 있는가? 내게 잘못한 사람, 원수를 용서했는가? 성경은 "남에게 대접을 받고자 하는 대로 너희도 남을 대접하라"(눅 6:31)라고 말한다. 우리는 받은 대로 하지 말고, 받고 싶은 대로 해야 한다. 받은 대로 하면 절대 용서할 수 없다. 우리도 용서를 받았기 때문에 용서하고 불쌍히 여기되, 하나님이 그리스도 안에서 우리를 용서하심같이 해야 한다.

용서 하면 손양원 목사님이 떠오른다. 1948년 손양원 목사님의 두 아들 동인과 동신은 한 공산당 청년에 의해 세상을 떠났다. 그런데 손양원 목사님은 사랑하는 두 아들의 생명을 빼앗아 간 사람을 양자로 삼으셨다. 목사님은 그 뒤 오래 살지 못하고 50여 세에 천국에 가셨고 양아들은 목사가 되었다.

정말 멋있는 용서의 이야기다. 하지만 아들들을 죽인 원수를 양아들로 받아들이는 과정에서 사모님은 많이 힘들어하셨다고 한다. 두 아들을 죽인 공산당 청년을 아들로 삼았어도 자꾸 인간적으로 보게 되셨던 것이다. 그래서 잠시라도 그런 마음이 들면 새벽 기도회에, 심야 기도회에, 금요 집회에, 기도원에 들어갔다 나오셨다. 오히려 사모님의 모습이 원수를 향한 용서의 실제가 아닌가 생각해 본다.

용서란 쉽지 않다. 그렇다고 불가능한 것은 아니다. 용서하기로 한 마음 가운데 하나님이 은혜를 주시고, 또 하나님이 우리를 위하시기 때문이다. 돌아보면 원수 때문에 아픈 것도 있지만 용서하지 못해서 더 아픈 경우도 많다. 원수를 죽이려고 했다가 내가 죽게 생길 일도 많다. 하나님은 우리가 자유롭기를 원하신다. 성경은 "원수를 사랑하며"(마 5:44), "하나님이 그리스도 안에서 너희를 용서하심과 같이 하라"(엡 4:32)라고 말한다. 하나님은 원수를 위해서가 아니라 원수 때문에 힘들어하고, 아파하고, 용서하지 못해 고통 가운데 있는 우리 자신을 위해 용서하라고 말씀하신다.

용서하지 못하는 마음은 진정한 축복이 흐르지 못하도록 막는다. 용서가 없는 것은 자유가 없는 것과 같다. 용서함이 없으면 감사가 안 된다. '차라리 안 만났다면 더 좋았을 것을. 시간이 지나면 해결되겠지'라고 생각하며 마음속에 묻어 두기도 하지만 최선의 해결책은 아니다. 그 상처에 조금만 가까이 가면 심하게 요동치기 때문이다. 하나님은 원수와의 만남 앞에서 우리에게 이렇게 말씀하신다.

"내가 다 알고 있단다. 너 힘든 것, 아픈 것, 어려운 것 다 안다. 그런데 그것을 붙잡고 끙끙거리고 힘들어하는 네가 더 안쓰럽구나. 내가 원수를 갚아 주리니 너는 용서해라. 용서하는 것이 너무 힘들다면 내가 너를 어떻게 용서했는지 생각해 보렴. 나와 원수 되었던 너를 위해 독생자 예수 그리스도께서 십자가에 달리셨던 것을 생각하며 너 자신을 위해 용서해라. 용서하지 못하는 마음이 너에게 더 큰 올가미가 되어 힘들고 아픈 것이란다. 그러니 말씀에 순종해 내 앞에 다 내려놓으렴."

원수를 향한 마음을 내 힘으로 어쩌지 못한다면 주님의 십자가를 바라보며 십자가의 마음을 달라고 고백하며 나아가야 한다. 그리고는 원수의 앞에서, 위에서, 옆에서 일하시는 하나님을 기대해야 한다.

"너희를 인도하는 자들에게 순종하고 복종하라 그들은 너희 영혼을 위하여 경성하기를 자신들이 청산할 자인 것같이 하느니라 그들로 하여금 즐거움으로 이것을 하게 하고 근심으로 하게 하지 말라 그렇지 않으면 너희에게 유익이 없느니라"(히 13:17).

스승과의 만남은 우리의 삶을 풍요롭게 한다. 가슴 한편을 따뜻하게 데워 주는 난로와도 같다. 스승과 만날 수 있었다는 사실에 우리는 감사해야 한다. 하지만 스승과의 만남에 있어서 무엇보다 최고봉은 우리의 구원자이신 예수님과의 만남이다. 예수님은 "내게 배우라"(29절)라고 말씀하신다. 주님은 우리를 초청하시고, 우리가 배우기를 원하신다. 주님은 바로 우리의 진정한 스승이시요, 선생님이시다.

10
인생 여행
스승과의 만남

**배우고, 함께하고, 격려하며
어느덧 닮아 가는 소중한 동역자**

    우리 인생의 많은 만남 가운데 편안한 만남이 있다면 바로 스승과의 만남이다. 생각해 보면 지금의 우리의 가치는 결코 스스로 만들어지지 않았다. 우리에게는 좋은 사람을 만들어 보려고, 좀 더 사회에 이바지하는 일꾼으로 세우고자, 주님이 쓰시는 사람으로 만들고자 피땀 흘리며 지식과 성품, 믿음을 전수해 주신 많은 스승이 있다.

    성경에서도 스승을 발견할 수 있다. 하나님의 사람들에게는 특별한 스승이 있었다. 이스라엘 민족의 지도자 여호수아에게는 모세라는 스승이, 다윗에게는 사무엘 선지자가, 엘리사에게는 엘리야가, 디모데에게는 바울과 같은 특별한 스승이 있었다. 그리고 가장 중요한 열두 제자들에게는 영원한 생명을 알려 주신 예수님이라는 참된 스승이 있었다. 스승 되신 예수님은 제자들의 삶을 평범한 삶에서 특별한 삶, 영원한 삶으로 송두리째 바꾸셨다.

어떻게 보면 인생 여행에 있어 많은 만남 중에 스승과의 만남은 하나님이 우리에게 주신 값진 선물이다. 스승과의 만남을 통해 하나님은 무엇을 말씀하실까?

당신에게는 스승이 있는가?

'스승'을 다른 말로 하면 '선생'이다. '선생'(先生)의 한자 뜻을 살펴보면 '먼저 태어난 사람'이라는 의미다. 먼저 난 사람, 조금 더 경험했고, 조금 더 많이 아는 사람을 우리는 선생, 스승이라고 부른다. 이러한 의미로만 본다면 세상에 얼마나 많은 스승이 존재하는가? 그 숫자의 위력 앞에 겸손할 수밖에 없다. 물론 여기서 말하는 스승은 조금 더 직접적인 연관이 있는 이들을 의미한다.

스승과의 만남을 생각할 때 가장 마음에 와 닿는 것은 '영향력'이다.

"지금까지의 삶 가운데 가장 큰 영향을 끼친 스승은 누구십니까? 마음에 와 닿는 스승은 누구십니까?"

이런 질문을 받을 때 마음속에 떠오르는 분이 있는가? 있다면 축복이다. 유명하지 않아도, 더욱이 사람들로부터 다양한 평가를 받는 분이라도 내 삶에 직접적인 영향을 끼쳐 훌륭하고 잊을 수 없는 큰 변화를 선사했다면 그분은 스승이시다. 안타깝게도 지금은 관계가 끊어졌거나 제대로 마음 한번 표현해 보지 못했을 수도 있다. 그러나 스승이라는 존재는 우리의 마음 한구석에 언제나 따뜻하게 남아 있다.

나에게도 그런 스승이 있다. 주일학교 선생님이셨던 안 선생님이다. 그분은 재래시장에서 조그마한 커튼 가게를 운영하셨는데, 지금까지 만난 수많은 선생님 중 가장 마음에 와 닿는 분이시다. 사실 안 선생님이 무엇을 가르치셨는지는 하나도 기억나지 않는다. 그런데도 그분을 떠올리면 왠지 마음 한구석이 따뜻하고 감사하다.

일생을 통해 가장 큰 영향을 끼친 스승 가운데 한 분으로 안 선생님을 꼽은 이유는 따뜻하고 감사한 두 가지 기억 때문이다. 하나는 탁구를 가르쳐 주신 것이다. 어린 시절 주일학교가 끝나고 부모님을 기다리고 있을 때였다. 할 일 없이 빈둥거리고 있는 나에게 선생님이 다가오셨다. 그리고 탁구를 가르쳐 주셨다. 선생님의 탁구 실력은 그리 뛰어나지 않았던 것 같다. 그럼에도 무료해하던 주일학교 제자를 위해 시간을 투자해 정말 열심히 탁구 강습을 해주셨다. 지금도 선생님을 떠올리면 탁구 치는 법을 가르쳐 주시던 모습이 선명히 떠오른다.

또 하나는 가끔 하교하다가 용기 내어 선생님이 운영하시는 커튼 가게를 지나갔던 기억이다. 그러면 선생님은 꼭 나를 불러 짜장면을 시켜 주셨다. 지금도 짜장면 하면 은혜가 되지만 당시 짜장면은 대단한 선물이었다. 커튼 가게를 하면서 여유가 없으셨을 텐데도 선생님은 지나갈 때마다 불러 짜장면을 시켜 주셨다. 물론 당시로서는 짜장면이 감사했지만 시간이 지나고 나니 그분의 따뜻한 사랑이었음을 깨닫게 되었다.

스승이신 이동원 목사님과의 만남도 빼놓을 수 없다. 수년 전에 나는 지구촌교회에서 영어 목회를 하고 난 후 미국에서의 목회를 위해 떠났다. 당시 장로교회에 있다가 침례 교단에 속한 교회에서 청빙을 받고 떠나가게 된 것이라 이 목사님께 침례를 받게 되었다. 그때 나에게 침례를 주시던 이 목사님의 모습이 지금도 생생하다. 침례를 주시면서 마치 구원을 처음 베푸시듯 기뻐하셨다.

침례를 받고 떠나던 날, 이 목사님이 편지를 써 주셨다. 세 장짜리 손편지였다. 서문에는 이렇게 쓰여 있었다.

"진 목사님, 가시는데 항상 그냥 보내면 다 잘한 것으로 알고 있습니다. 이제 새로운 담임 목회지로 가시는데, 지난 2년 동안 우리 교회에서 어떻게 사역했는지 평가해 주고 싶습니다."

서문을 읽는데 마음이 따뜻해졌다. 물론 평가를 좋아하는 사람은 아무도 없다. 하지만 나를 아끼시는 이 목사님의 마음을 알 수 있었다. 얼마나 가깝게 느껴졌는지 모른다. 목사님의 평가는 아주 관용적이었다. 장점을 쭉 나열하시면서 "이러이러한 것은 참 좋습니다. 이것은 참 잘합니다"라고 칭찬해 주셨다. 그리고 맨 마지막에 한두 개 정도 "이런 점은 조심했으면 좋겠습니다"라고 적어 놓으셨다.

그 긴 편지를 읽는데 가슴이 뭉클했다. 수많은 교역자가 왔다 가는데 겨우 2년밖에 사역하지 못하고 떠나가는 나에게 손수 글을 써 주신 목사님을 생각하니 얼마나 감사하고 은혜가 되었는지 모른다.

스승과의 만남은 우리의 삶을 풍요롭게 한다. 가슴 한편을 따뜻하게 데워 주는 난로와도 같다. 우리에게는 스승이 있다. 때로 스승은 복음을 제일 처음 전해 주신 분이기도 하고, 진정으로 기도하는 법을 가르쳐 주신 분일 수도 있다. 어쩌면 아무 말 없이 곁을 지켜 준 친구 같으신 분일지도 모르겠다. 방황할 때 반갑게 맞아 주신 분이요, 지금 내가 누군가의 스승으로 섬길 수 있도록 모든 과정을 지켜 주고, 격려해 주고, 함께해 주신 분일 수도 있다. 다양한 스승들은 우리에게 먼저 본을 보이시고 힘들고 어려울 때 큰 격려가 되어 주었다. 스승과 만날 수 있었다는 사실에 우리는 감사해야 한다.

하지만 스승과의 만남에 있어서 무엇보다 최고봉은 우리의 구원자이신 예수님과의 만남이다. 마태복음 11장에서 예수님은 "내게 배우라"(29절)라고 말씀하셨다. 주님은 우리를 초청하시고, 우리가 배우기를 원하신다. 주님은 바로 우리의 진정한 스승이시요, 선생님이시다.

스승을 위해 감사의 마음을 표현하자

2001년 5월 11일 한동대학교 김영길 총장님이 불미스러운 일에 연루되었다. 학교 예산 불법 전용 및 횡령 혐의였다. 사실과는 달리 억울한

수감 생활이 시작되었는데, 나흘째 되던 날 한 교도관이 김 총장님께 다가와 말했다.

"오늘이 스승의날이라 한동대학교 학생들이 이곳에 온답니다. 지금 교도관들이 만일의 사태에 대비해 긴장하며 대기 중입니다. 사실 저도 걱정스럽습니다."

김 총장님은 이렇게 대답했다.

"아무 일 없을 겁니다. 우리 학생들은 성숙하고 지혜롭습니다."

잠시 후 총학생회장을 비롯한 학생 대표들이 면회를 왔다. 스승인 김 총장님을 보자 눈물을 흘렸다. 그러고는 이렇게 말했다.

"총장님, 밖에는 학생들과 교수님들, 학부모님들 등 약 1,800명이 와 있습니다. 그리고 스승의날 노래를 부르고 있습니다."

그 말에 김 총장님도 눈물을 닦으며 이야기했다.

"이 일로 조금도 분노하거나 동요하지 말고, 강의 시간에 충실히 임하고 공부를 소홀히 하지 말아라."

그날 한동대학교 학생들은 가지고 온 카네이션들을 구치소 정문 앞에 수북이 쌓아 놓고 갔다. 그러나 떠난 자리에는 휴지 조각 하나 떨어진 것이 없었다.

이 이야기는 2016년 6월 29일자 국민일보에 실린 글이다. 후에 들린 이야기로는 그 뒤로도 수많은 학생이 스승을 위해 구치소를 찾았고, 스승을 위한 마음을 담은 노래와 꽃, 바른 모습을 드렸다고 한다. 스승을 위해 앞에 서서 큰 소리를 내거나 소요한 것이 아니라 스승의 올곧은 모습을 보여 준 지혜가 아니었나 생각한다. 스승에게 감사를 표현하는 것은 큰 노력이 필요하지 않을 수도 있다. 작은 표현, 말 한마디도 스승에게는 큰 힘과 위로가 되고, 은혜가 된다.

나 역시 목회 사역을 하면서 힘들고 어려울 때가 있었다. 그럼에도 불구하고 하나님의 부르심 앞에 기쁘게 설 수 있었던 이유는 사역을 통해 변화되는 성도들이 있었기 때문이다. 그들이 성장하는 모습을 지켜보는 것만큼 큰 기쁨과 보람도 없다. 사랑하는 한 사람 한 사람의 삶의 모습을 보면서, 그들을 통해 여전히 역사하고 계시는 하나님을 보며 내가 서 있는 자리에 감사하게 되고 감사의 제목이 된다.

가끔씩 예배가 끝난 뒤 성도님들이 다가와 이렇게 말씀하신다.

"목사님, 수고하셨어요."

어떻게 보면 형식적이고 의례적인 인사일 수 있고, 나쁜 인사가 아니다. 그런데 그렇게 인사를 받을 때면 꼭 고생했다는 의미로 들린다. 아랫녘 사투리로 표현하자면 "목사님, 욕봤어요" 하시는 것처럼 들려 살짝 불편하기도 하다. 반면 이런 인사는 무척 힘이 된다.

"말씀 감사합니다. 말씀대로 살겠습니다."

말씀을 전하는 자의 의도를 잘 알고 그대로 실천하겠다는 말이 얼마나 힘이 되는지 모른다.

한 가지 개인적인 습관을 털어놓자면, 나는 받은 감사 카드나 메시지들을 파일 하나에 차곡차곡 모아 둔다. 그리고 그 파일에 "격려"라는 이름을 붙여 놓았다. 때로 '내가 왜 여기 있는가? 나는 무엇을 하고 있는가?'라는 의문이 들 때면 파일을 열어서 쭉 읽어 본다. 많은 시간이 지났기에 기억하지 못하는 경우도 많지만, 그 속에 담긴 성도들의 이야기를 읽으면 분명 힘이 된다. 적어도 그 순간만큼은 진솔하게 표현한 그들의 이야기를 통해 '그래, 내가 비록 작지만 여전히 영향력을 끼치고 있구나. 변화의 일부분을 감당하고 있구나'라고 생각하며 다시 힘과 소망을 얻게 된다.

스승과의 만남에서 우리는 많은 것을 얻고 가르침을 받는다. 하지만 반대로 스승의 입장도 헤아려 줄 수 있다면 얼마나 좋을까? 스승을 향해 감사의 마음을 표현하는 것은 하나님이 인생 여행에서 스승과의 만남을 허락하시면서 주신 또 하나의 권리일 것이다. 스승도 가르침을 받는 사람에게서 힘을 얻고, 살아갈 용기를 얻는다. 그래서 바울은 이렇게 말했다.

"가르침을 받는 자는 말씀을 가르치는 자와 모든 좋은 것을 함께 하라"
(갈 6:6).

"잘 다스리는 장로들은 배나 존경할 자로 알되 말씀과 가르침에 수고

하는 이들에게는 더욱 그리할 것이니라"(딤전 5:17).

스승과의 만남에서 우리는 스승을 위하는 삶을 살기 위해 노력해야 한다. 그 가운데서 또 다른 가르침과 배움과 변화와 영향력을 얻을 수 있기 때문이다.

우리를 인도하는 영적인 스승들은 하나님께 위임받은 권위와 책임을 갖고 다른 이를 섬기는 사람들이다. 그러므로 그들이 항상 깨어서 기쁨으로 그 일을 감당할 수 있도록 순종과 격려로 도와야 한다. 스승이 깨어 있는 것이 우리에게 축복이기 때문이다.

스승에게 있어 배운 대로 살고자 노력하는 제자만큼 큰 기쁨은 없다. 요한은 요한삼서 1장 3절에서 "네가 진리 안에서 행한다 하니 내가 심히 기뻐하노라"라고 말했다. 제자들이 지시적인 가르침을 배우는 데 그치는 것이 아니라 진리대로 살고, 진리를 가르치고 전하는 모습을 보면서 큰 기쁨을 경험하게 되는 것이다. 제자가 스승을 위하고, 스승을 기쁘게 하는 삶을 살아갈 때 바울과 빌립보 성도들 간의 관계가 될 것이다.

"나의 기쁨이요 면류관인 사랑하는 자들아"(빌 4:1).

다음은 한 자매가 자신의 스승을 생각하면서 쓴 글이다. 스승과의 만남을 아름답게 기억하는 제자로서, 스승을 위한 마음이 담겨 있기에 소개한다.

5월이 오면 어김없이 여고 2학년 때 스승의날이 떠오르고, 선생님이 더욱 보고 싶어진다. 고 2 때 담임선생님은 꽤 유명하셨다. 공부도, 운동도, 노는 것도 다른 반에 지면 안 됐다. 그렇기에 우리 반 각 학생을 향한 마음도 각별하셨다. 이런 선생님의 별명은 '황틀러.' 하지만 우리 모두는 극성이신 황틀러 선생님을 참 좋아했다.

내게도 참 많은 격려와 사랑으로 대해 주신 선생님께 뭔가 특별한 선물을 해드리고 싶었는데, 마침 용돈이 떨어졌다. 많은 고민을 하던 중 여고 앞마당 분수대 옆에 사계절 내내 붉은 단풍나무가 있었는데 그 단풍잎을 좋아해서 말려 놓은 게 있었다. 그것을 코팅하고 정성껏 포장해서 선물로 드리기로 했다. 다음 날 학생들은 크고 작은 선물을 선생님께 드렸고, 나도 카드와 함께 단풍잎을 선물로 드렸다.

곧바로 강당에서 스승의날 행사가 진행되어 줄을 서서 기다리고 있는데, 아이들이 무엇을 봤는지 "우와!" 하고 소리를 질렀다. 먼저 본 옆 반 친한 친구가 내게 오더니 "네가 그랬지?" 하며 웃고 있었다. 어리둥절한 나는 담임선생님을 보고서야 얼굴이 붉어졌다. 붉은 단풍잎처럼······. 그리고 기뻤다. 선생님의 블라우스에는 아침의 화려한 브로치 대신 내가 선물로 드린 붉은색 단풍잎으로 만든 브로치가 꽂혀 있었다.

순간 밑에서 울컥 무언가 올라왔다. 선생님은 약소한 내 선물을 가장 눈에 띄게 하고 나오신 것이었다. 책에나 꽂혀 있을 단풍잎을 정성 들여 핀을 붙여 세상에서 단 하나뿐인 브로치로 만들어 블라우스에 꽂고 나오신 선생님, 언제나 외면의 아름다움보다 내면의 아름다움을 강조하셨던 선생님, 공부를 강조하셨지만 공부가 부족하다고 차별하지 않으셨던 선생님. 선생님이 계셨기에 따뜻했던 그때 그 시절이다.

여러 가지 이유로 선생님을 지금까지 못 찾아뵈었지만 그 옛날 용기와 희망, 사랑을 주셨던 것처럼 만약 선생님이 예수님을 모르신다면 예수님을 전하고 싶고, 함께 천국 소망을 나누고 싶다.

선생님, 꼭 한 번 만나고 싶습니다!

스승과 제자는 그렇게 닮아 간다

지금까지 담임목사로 목회를 하면서 만난 많은 부교역자 중에 잊을 수 없는 한 분이 있다. 그분은 나의 마음에 큰 도장을 찍고 간 분이시다. 사실 그분이 전도사님으로 계실 때는 크게 빛을 발하지 못했다. 그렇다 보니 그분을 향한 평가도 그리 높지 않았다. 약간 어수룩하고 만나면 쭈뼛쭈뼛한 모습이 세련되게 느껴지지 않아서였는지도 모른다.

그러던 중 그분이 목사 안수를 받고 다른 교회로 가시게 되었다. 계시는 동안 한 번도 깊은 이야기를 나눠 볼 기회가 없었다는 생각에 미안한 마음이 들었다. 교회를 떠나시던 날, 나에게 인사를 하러 온 그분과 마주했다. 당연히 새로운 사역지로 떠나는 교역자를 축복하고, 언제든지 찾아오라고 이야기하고 기도를 해주었다. 내가 할 수 있는 최선의 것을 나누었다.

그런데 헤어질 시간이 되었을 때 이상한 일이 일어났다. 배웅해 주려고 일어났는데 그분이 사무실 문 앞에서 머뭇거리며 나가지 못하고 계시는 것이었다. 뭐가 잘못됐나 싶어 문을 열어 주려고 했는데 그분이 갑자기 뒤를 돌아보더니 떨리는 목소리로 이렇게 말씀하셨다.

"목사님, 저 한 번만 안아 주시면 안 돼요?"

전혀 기대하지 못했던, 아니 상상도 하지 못했던 이야기였다. 먼 길을 떠나는 분, 한 교회에 있으면서도 인격적인 교제를 깊이 나눠 보지 못했던 분이 기도를 받고 떠나면서 한 번만 안아 달라고 하시는 모습에 적잖은 충격을 받았다.

두 가지 마음이 동시에 들었다. 마치 꽁꽁 숨겨 두었던 마음을 살짝 내보이듯 한 번 안아 달라는 그분의 마음이 매우 사랑스러웠고, 정말 고마웠다. 또 한편으로는 '내가 한 번도 안아 드린 적이 없구나'라는 생각에 미안했다. 복잡한 심정으로 정말 마음을 다해 안아 드렸던 기억이 난다.

그 후로 앞으로 많이 안아 주겠다고, 많이 다독여 주고 손잡아 주겠다고 결심했다. 그 작은 행동으로 모든 메시지와 마음이 전달될 수 있기 때문이다.

스승을 생각하면 따뜻한 기억과 추억이 있다. 지식적으로 도움을 주신 스승, 삶의 지혜를 알려 주신 스승, 그저 곁에 있는 것만으로도 힘이 되신 스승, 묵묵히 응원해 주며 삶의 본이 되어 주신 스승 등 어떤 스승이든 따뜻한 기억을 주셨다. 그분들을 생각하면 따뜻하고, 포근히 안기는 기분이 든다. 우리는 스승을 통해 배우고, 성장하고, 성숙했다. 비단 우리보다 나이가 많은 분만이 아니라 어린 사람이라도 영향을 끼쳤다면 스승이다.

이제는 우리도 스승에게서 받은 따뜻한 사랑을 나누어야 한다. 우리도 어느 누군가의 스승일 수 있기 때문이다. 그렇다면 우리는 스승을 닮아 가야 한다. 따뜻하게 안아 주고, 응원해 주고, 생각만 해도 포근한 존재가 되도록 노력해야 한다.

겸손한 스승의 모범이신 주님을 붙좇는 삶

따뜻한 스승의 모습을 보여 주신 분이 계시다. 바로 예수님이시다. 예수님은 제자들과 함께 저녁 식사를 하신 후 일어나셔서 자신의 겉옷을 벗고 허리에 수건을 두르셨다(요 13:4). 이는 비천한 하인들이 봉사할 때 하는 복장으로, 모든 사람이 경멸하는 모습이기도 했다. 그런데 예수님은 낮아지는 본을 보이신 것이다. 또한 그 모습으로 제자들의 발을 씻기심으로 겸손한 스승의 모습을 친히 보여 주셨다. 그러면서 예수님은 제자들에게 말씀하셨다.

"내가 주와 또는 선생이 되어 너희 발을 씻었으니 너희도 서로 발을 씻어 주는 것이 옳으니라 내가 너희에게 행한 것같이 너희도 행하게 하려 하여 본을 보였노라"(요 13:14-15).

제자들에게 참된 스승이셨던 예수님은 자신을 낮추어 다른 이들을 섬기는 삶을 몸소 가르치셨다. 하나님께 보내심을 받은 분으로서 어떤 특권 의식도 버리고 순종과 섬김의 본을 보이셨다. 제자들에게 어떻게 살아야 하는지 알려 주신 것이다. 누군가의 스승일 수 있는 우리에게 살아가는 방법을 가르쳐 주신 것이다.

우리는 스승이 우리에게 끼친 영향력과 가치관을 우리를 바라보고 있는 이들을 향해 베풀 수 있어야 한다. 그들을 세우고 가르쳐야 한다. 그러려면 당연히 배워야 한다. 말씀을 통해, 예수님의 본을 보며 배워야 한다. 의도를 가지고 세우고, 가르치고, 키우고, 도와주기 위해 가치 있는 영향력을 나누는 일을 선택해야 한다.

그리스도인은 그리스도를 따라가고, 그리스도께 배우고, 그리스도를 닮아 가는 자를 의미한다. 그리스도를 따라가는 자는 주님의 가르침을 마다하지 않는다. 그 가르침이 우리에게는 좋은 말이 될 수도 있고, 쓴소리가 될 수도 있다. 하지만 주님의 선한 가르침에는 한 가지 전제가 있다. 바로 우리를 향한 사랑의 음성이라는 사실이다. 그래서 우리는 사랑의 음성 앞에 감사함으로 배우기를 기뻐해야 한다.

  그리고 우리는 이 배움을 넘어 "한 번만 안아 주실래요?" 라고 요청하는 사람들이 주변에서 우리를 바라보고 있다는 사실을 알아야 한다. 사람들을 향해 손 내밀어 주고, 격려해 주고, 자신이 먼저 경험하고 배우고, 완성되지는 않았지만 그 가운데서도 함께 성장하기 위해 나누어 주는 사람, 그리고 따뜻한 마음을 전해 주는 사람, 그가 바로 스승이다.

"백성들이 자녀들 때문에 마음이 슬퍼서 다윗을 돌로 치자 하니 다윗이 크게 다급하였으나 그의 하나님 여호와를 힘입고 용기를 얻었더라"(삼상 30:6).

스트레스가 태풍처럼 몰려와 힘들게 할 때면 그 중심으로 들어가야 한다. 회피하려고만 하면 더 큰 스트레스에 휩쓸리게 된다. 스트레스 전체를 하나님께 내어놓으라. 인간적인 방법으로 스트레스에서 빠져나오는 것이 아니라 하나님이 주시는 평안함이 임하면 온전한 평강의 신비를 체험할 수 있다. 우리 삶의 중심에 자리 잡고 있는 하나님의 평강을 만날 수 있다.

11. 인생 여행_ 스트레스와의 만남

11
인생 여행
스트레스와의 만남

**불안의 물음표를 능력의 마침표로
바꾸는 무기를 들라**

미국에 있을 때 한 집사님으로부터 들은 이야기다. 항상 같은 자리에서 구걸을 하던 거지가 있었다. 그는 구걸해서 받은 돈을 집사님 가게에서 지폐로 바꿨다. 매일 만나다 보니 잘 알게 되었고 가끔 대화를 나누었는데, 그도 나름대로 일에 대한 철학을 가지고 있다는 것을 알게 되었다. 그것은 노동 시간을 지키는 것이었다. 그가 정한 노동 시간은 아침 9시부터 저녁 5시까지였다. 그에게 초과근무란 결코 있을 수 없는 일이었다. 집사님은 출퇴근 시간을 칼같이 지키는 재미있는 거지라는 생각이 들었다고 한다.

그런데 하루는 거지가 보이지 않았다. 하루가 지나고, 이틀이 지나고, 2주 동안 보이지 않자 은근히 걱정이 되었다. 그런데 어느 날 아침 그가 나타났다. 반가운 마음에 그동안 무슨 일이 있었냐며 안부를 건넸는데, 그 대답이 가관이었다.

"하와이로 휴가를 다녀왔습니다."

순간 너무 황당했다. 거지에게 휴가라니? 자신은 미국으로 이민 와서 15년이나 지났어도 하와이가 어디 붙어 있는지 모르는 채 살았는데! 격에 어울리지 않는 대답을 듣게 되자 못마땅한 표정이 되었다. 그러자 눈치 빠른 거지가 얼른 설명을 덧붙였다.

"제 직업이 얼마나 스트레스를 많이 받는 직업인지 아십니까? 남의 지갑에서 돈을 빼 오는 것처럼 스트레스를 받는 일은 없습니다. 스트레스가 많이 쌓이는 직업은 정기적으로 휴가를 가 줘야 합니다."

사실 어떤 일도 스트레스에서 예외가 되지는 않는다. 우리는 대화 속에서 자주 '스트레스'라는 단어를 입에 올린다. 언제부터인가 우리의 일상을 깨뜨리는 주요 요소로 작용하고 있다. 우리를 삼키는 천적으로 자리 잡았다. 스트레스를 피하기 위해 노력하지만 절대 피할 수가 없다. 우리의 건강을 해치고 정신을 교란시키는 주범이다. 현대를 살아가는 우리는 남녀노소를 가리지 않고 스트레스를 짊어지고 가야 한다.

인생 여행에서 피할 수 없는 스트레스

스트레스란 외부에서 일어나는 변화나 상황에 따른 내적인 반응을 의미한다. 즉 외부에서 일어나는 일을 내부에서 긴장 상태로 받아들일 때 스트레스가 일어난다. 내부의 긴장 상태는 좋은 일이건 나쁜 일이건 자연스럽게 발생하기에 스트레스가 없는 사람은 없다. 하지만 문제는 스트레스가 제때 풀리지 못한 채 누적되기 시작하면서 일어나는 현상들이다. 앞서 미국에서 만난 거지는 나름대로 스트레스 관리를 아주 잘하는 사람이라 할 수 있겠다.

사실 외부에서 일어나는 일로 긴장하게 되는 경우의 수는 무척 다양하다. 한마디로 스트레스를 받을 만한 여건이 매우 많다는 뜻이다. 피로가 겹칠 때 받는 육체적 요인으로부터 가족을 비롯한 친구, 동료 등 대인관계로 인해 받는 스트레스, 또한 일로부터 받게 되는 정신적 피로감 등 갈수록 그 강도가 깊고 크다.

매년 실시하고 있는 '국민건강영양조사' 통계에 하면, 19세 이상 전체 인구의 26.5%가 스트레스를 받고 있는 것으로 나타났다. 스트레스의 원인으로는 남성의 경우 직장 생활, 여성의 경우 경제적 어려움이 가장 높은 비중을 차지했다. 연령별로 보자면 20대는 직장 생활, 30대 및 40대는 직장 생활, 경제적 어려움, 50대는 경제적 어려움, 인간관계, 60대 및 70대는 경제적 어려움, 자녀 문제, 질병이 각각 원인으로 나타났다. 현재는 조사 항목에 빠져 있지만 예전 통계에 의하면, 청소년의 경우는 학업 문제가 가장 높게 나타났으며 진로, 친구, 가정, 금전, 이성 문제 순으로 스트레스를 겪고 있는 것으로 확인되었다.

이처럼 우리는 다양한 스트레스 환경 속에서 살고 있다. 가깝게는 가정과 직장에서, 심지어 교회에서도 스트레스를 받는다. 인간관계, 경제적 어려움 등은 흔한 스트레스의 원인이지만 다문화 사회가 되면서 나타난 문화 충격, 정치 및 종교 간 대립, 폭력과 테러 등 새로운 유형의 스트레스가 계속해서 유발되고 있다. 적어도 한 번은 경험해 봤을 영어 울렁증 역시 글로벌 시대에 우리가 받는 언어 스트레스다.

미국에서 목회를 하다가 지구촌교회에 청빙을 받아 부임했을 때였다. 미국 사람은 아니지만 미국 생활을 오래해 미국 문화에 익숙했던 나로서는 한국의 문화와 교회의 분위기를 제대로 파악하지 못해 무척 조심스러웠다. 가능한 빨리 분위기를 파악해 효과적인 목회를 하기 위해 부목사님들께 이메일로 기도 편지를 보냈다.

미국에서는 이메일로 의견을 주고받는 것이 자연스러웠기에 한국에서도 당연히 그럴 줄 알고 오롯한 마음을 담아 보냈건만 답장 메일이 들어오지 않았다. 내심 "목사님, 기도하겠습니다", "힘내십시오", "환영합니다" 등의 내용을 담은 격려 메일을 기대했는데, 그보다 짧은 간단 회신도 없었다. 많은 사역자에게 보냈는데 겨우 서너 통만 회신되었다. 이 정도밖에 환영을 받지 못한다는 생각에 스트레스를 많이 받았다.

그런데 나중에 알고 보니 이메일을 받은 사역자들도 스트레스가 심했다. 지금껏 담임목사로부터 직접 이메일을 받아 본 적이 한 번도 없었기 때문에 어떻게 해야 좋을지 고민이 되었던 것이다.

'꼭 메일에 답을 해야 하는가? 답을 한다면 어떻게 글을 써야 하는가? 괜히 혼자 튀는 것은 아닌가?'

여러 생각에 스트레스를 받다가 다 같이 모여서 이 문제에 대해 회의를 했고, 결론은 한 사람도 빠짐없이 보내지 않기로 했다는 후일담을 들었다. 문화적 차이로 인해 서로에게 발생한 스트레스다.

스트레스는 다양한 상황에서, 다양한 방법으로 마음속에 쌓인다. 또한 우리 몸을 힘들게 만든다. 현대 의학에서는 대부분의 질병의 근원을 스트레스로 진단할 정도다. 스트레스가 우리 내부에 가져다주는 엄청난 압력이 몸과 마음을 상하게 한다는 것을 알 수 있다. 그러므로 인생 여행에서 피할 수 없는 스트레스와의 만남을 이겨 내기 위해서는 지혜가 필요하다.

지혜롭게 스트레스를 맞이하는 방법

성경에서도 극심한 스트레스에 빠진 인물을 발견할 수 있다. 다윗이다. 당시 이스라엘의 왕이었던 사울은 질투의 영에 사로잡혀 다윗을 위협했다. 사울이 자신을 죽이려 한다는 것을 알게 된 다윗은 생명을 보존하기 위해 도망했다. 자신이 쓰러뜨린 골리앗이 태어난 블레셋으로 망명을 갔지만 당연히 그곳에서도 환영받지 못했다. 눈칫밥을 먹어 가며 겨우 안착해 숨을 돌린 곳은 블레셋의 시글락이라는 마을이었다.

그때 다윗을 엄청난 스트레스의 소용돌이에 빠뜨린 사건이 발생했다. 하루는 다윗과 일행이 밖에 나갔다가 돌아왔는데 그사이에 성읍이 불타고, 백성의 아내들과 자녀들이 잡혀가게 되었던 것이다. 가족이 아말렉 사람들에게 노예로 끌려가고 집이 잿더미가 된 상황 앞에서 다윗은 크게 통곡했다.

"다윗과 그와 함께한 백성이 울 기력이 없도록 소리를 높여 울었더라"
(삼상 30:4).

갑작스런 상황에 황망함을 추스르지 못하고 있을 때 다시 기가 막힌 일이 벌어졌다. 함께 슬퍼하던 사람들이 그 비난을 다윗에게 돌린 것이었다.

"백성들이 자녀들 때문에 마음이 슬퍼서 다윗을 돌로 치자 하니 다윗이 크게 다급하였으나"(삼상 30:6상).

다윗에 대한 백성의 태도가 돌변했다. 그를 돌로 쳐서 죽이고자 했다. 백성의 스트레스는 극에 달했고, 다윗은 생명의 위협을 받게 되었다. 스트레스가 폭발하면 다른 사람의 사정을 배려하지 않게 된다. 오직 자신의 감정만 표출할 뿐이다. 충격이 클수록 그 여파가 커지는데, 다윗을 돌로 쳐 죽이려는 살기를 띨 정도였다. 다윗 역시 이에 맞서 극도의 이중 스트레스를 받았을 것이다. 그러나 그는 지도자답게 하나님을 힘입어 용기를 얻어 백성의 스트레스를 억누를 방안을 제시했다. 그리고 무장을 하고 아말렉 군대를 추격해 크게 물리쳤다.

스트레스는 원인이 해소되지 않으면 쉽게 벗어날 수 없다. 긴장 상태가 지속되기 때문에 몸과 마음에 이상을 초래한다. 스트레스가 원인인 질병은 신경증, 우울증, 심신질환, 중독, 섭식 장애 등이 대표적이다. 신경증은 불안감 및 공포감으로 나타나고, 우울증은 우울감, 불면증을 동반한다.

그러나 스트레스를 긍정적으로 받아들이면 오히려 행복을 느낄 수 있다고 한다. 중요한 것은 어떻게 받아들일지 결정하는 것이다. 그 방법은 말씀, 즉 하나님의 지혜에 있다. 그 사실만 인정하면 그리스도인으로서 믿음으로 처신하는 지혜를 발휘할 수 있다.

태풍의 눈 안에 거하는 지혜

흔히 삶의 어려움을 태풍에 비유하곤 한다. 인간의 힘으로 극복할 수 없는 자연재해인 태풍처럼 밀려오는 현실의 어려움에 시달리다 보면 넋 놓고 휩쓸려 가기 쉽다. 하지만 태풍의 중심에는 태풍의 눈이 존재한다. 바깥에서는 휘몰아치고 떠밀려 가는 일이 벌어지고 있는데 대조적으로 가장 중심에 위치한 태풍의 눈에는 고요하고, 평안하고, 온화한 날씨가 조성된다.

 어떤 성도의 이야기다. 그분은 비교적 평범한 삶을 살았다. 그런데 어느 날 갑자기 자녀가 아프기 시작했다. 사춘기도 무사통과할 만큼 아무 탈 없었던 아이가 수시로 경련을 일으켰다가 회복되기를 반복했다. 병원에 가서 검사를 하고 약물치료를 해도 호전되지 않았다. 감수성이 예민한 시기라 더욱 속만 타들어 갔다. 하나님이 왜 자신에게 그런 고난을 주셨는지 이해할 수 없었다. 교회 역시 이들을 위해 특별 중보 기도를 시작했으나 별다른 변화가 없었다.

 나아지는 기미가 없자 마음이 조급해졌고, 또 언제 경련을 일으킬지 몰라 스트레스가 쌓여만 갔다. 스트레스는 두통을 동반했고, 그분은 매일 약을 복용하게 되었다. 할 수 있는 일은 기도밖에 없었기에 기도의 끈을 놓지 않았다. 작정한 새벽 기도를 빠지지 않고 다녔다.

 어느 이른 새벽, 아이의 발작으로 또 한 차례 큰 소란을 겪었다. 다행히 잠이 든 아이를 뒤로하고 교회로 향했다. 스트레스가 온몸을 휘감아 몸이 천근만근 무거웠다. 예배당 모퉁이에 앉았지만 기도가 나오지 않았다. 서럽고 슬픈 감정만 북받쳤다. '오늘도 아이가 학교에서 발작을 일으키면 어쩌나?' 하는 생각에 극심한 스트레스가 밀려왔다. 한참을 울고 나니 마음이 차분해졌다. 심호흡을 내쉰 뒤 입을 열었다.

 "주님, 저 정말 힘이 듭니다. 못 견디겠습니다."

얼마쯤 시간이 흘렀을까? 심정을 토로하는 기도만 늘어놓았는데도 마음이 차분해졌다. 그리고 신기하게도 마음뿐만 아니라 몸에도 온기가 느껴졌다. 아무것도 해결된 것은 없었지만 놀라운 평안이 마음 가득 임했다. 소용돌이치는 주변과 달리 고요한 태풍의 눈처럼 하나님의 함께하심을 느꼈다. 알 수 없는 신비한 체험이었다. 하나님의 위로가 충만하게 쏟아졌던 것이다.

"하나님, 감사합니다. 이 평안함만으로도 충분합니다."

그분의 입에서는 말도 안 되는 고백이 터져 나왔다. 아이가 온전히 회복되지는 않았지만 주님이 허락하신 평안함으로 인해 스트레스에서 벗어날 수 있었다. 기적이 아니더라도 충분했다. 하나님의 때에, 하나님의 방법으로 고쳐 주시리라는 확신을 갖게 되었다.

이처럼 스트레스가 태풍처럼 몰려와 힘들게 할 때면 그 중심으로 들어가야 한다. 회피하려고만 하면 더 큰 스트레스에 휩쓸리게 된다. 스트레스 전체를 하나님께 내어놓으라. 인간적인 방법으로 스트레스에서 빠져나오는 것이 아니라 하나님이 주시는 평안함이 임하면 온전한 평강의 신비를 체험할 수 있다. 우리 삶의 중심에 자리 잡고 있는 하나님의 평강을 만날 수 있다.

아마도 시글락에서 스트레스 가운데 있던 다윗이 취한 방법에서 힌트를 얻을 수 있을 것이다. 성읍이 불타고, 백성의 아내들과 자녀들이 적들에게 끌려간 상황 앞에 다윗은 당황했다. 함께했던 자들이 지도자인 다윗을 죽이려 했을 때 그는 더 크게 다급했다. 하지만 "그의 하나님 여호와를 힘입고 용기를"(삼상 30:6) 얻었다.

　다윗 역시 두 아내가 사로잡혀 갔고, 부하들의 살기 어린 위협 앞에서 극심한 스트레스를 받았다. 하지만 그는 하나님을 힘입어 용기를 얻었다. 이는 하나님 앞에 나아가 평강을 얻었다는 의미다. 어떤 상황에서도 우리에게 용기를 주시는 하나님이 계시다는 것이 얼마나 큰 힘이 되는지 모른다.

　결국 사람들로 인해 동요하지 않고 하나님이 주시는 평안함으로 용기를 얻었을 때 "그를 쫓아가라 네가 반드시 따라잡고 도로 찾으리라"(삼상 30:8)라는 하나님의 지혜가 임했고, 다윗은 결국 잃었던 가족과 전리품까지 얻은 후 승전가를 부를 수 있었다. 이렇듯 스트레스에서 승리하려면 태풍의 눈, 즉 하나님의 평안 속에 거해야 한다.

"평안을 너희에게 끼치노니 곧 나의 평안을 너희에게 주노라 내가 너희에게 주는 것은 세상이 주는 것과 같지 아니하니라"(요 14:27).

　하나님의 평안은 세상이 주는 것과는 차원이 다르다. 주님은 우리에게 평안을 주고자 하신다. 우리는 태풍과 같은 어려운 상처를 안고 있더라도 낙심하지 말고, 그 속에서 빛나고 있을 주님의 평강을 믿고 구해야 한다.

스트레스를 기도로 승화시킬 때

미국 뉴욕에서 태어나 시카고에서 활동했던 호레이쇼 스파포드(Horatio G. Spafford)라는 유명 변호사가 있다. 전도유망한 그에게 성공의 걸림돌은 없어 보였다. 그런데 안 좋은 일들이 한꺼번에 일어나기 시작했다. 어렵게 얻은 외아들이 네 살 때 열병으로 생명을 잃었고, 그로부터 1년 후 시카고에 대화재가 나면서 가지고 있던 부동산이 다 소실되었다. 마음이 너무 힘들었던 그는 아내와 네 딸들과 함께 영국으로 휴가를 떠나기로 했다.

그런데 떠나기로 하던 날 갑자기 일이 생기는 바람에 아내와 딸들이 먼저 출발했고, 그는 며칠 뒤 합류하기로 했다. 그 와중에 또 다른 사건이 터졌다. 아내와 딸들을 태우고 영국으로 떠난 배가 대서양에서 다른 선박과 부딪혀 침몰하는 사건이 일어났던 것이다. 이때의 사고로 약 220여 명이 목숨을 잃었는데, 안타깝게도 네 딸들도 포함되어 있었다. 아내는 난간을 붙잡고 마지막까지 견뎠지만 엄마를 붙잡고 있던 네 딸들은 버티지 못한 채 목숨을 잃었던 것이다. 기적적으로 살아난 아내가 영국에 도착해서 남편에게 쳤던 전보의 내용은 딱 두 마디였다.

"혼자 살아남았다"(Saved alone).

전보를 받은 스파포드는 절망에 빠졌다. 아프고 고통스러워 견딜 수가 없었다. 함께 가서 지켜 주지 못했다는 죄책감과 자식을 잃은 슬픔 때문에 극심한 절망에 빠졌다. 그는 스트레스에 짓눌린 채 영국에 혼자 있는 아내를 데리러 배에 올랐다. 선장은 그에게 차를 건네며 자녀들이 사고를 당한 지점을 알려 주었다. 컴컴한 넓은 바다를 바라보는데, 말할 수 없는 감정들이 뒤섞였다.

선실로 돌아온 그는 아픔을 달래며 밤새도록 하나님께 울부짖었다. 얼마쯤 기도했을까? 어찌 된 일인지 그때까지 체험하지 못했던 평안이 마음속에 깃들었다. 암흑 같은 스트레스 투성이의 마음에 평안이 임하면서 기적적으로 은혜가 차오르기 시작했다. 마치 하나님이 자신의 마음을 만져 주고 계시는 것처럼 느껴졌다. 복잡하고 어지러운 감정들이 한순간에 정리되었다. 비록 딸들은 하나님 나라에 갔지만, 서로 위로하고 아껴 줄 아내가 살아 있다는 사실이 이제는 슬픔이 아니라 하나님의 축복으로 느껴졌다. 감정의 소용돌이 가운데 드린 기도가 그의 영혼을 회복시킨 것이다.

아침이 되자 그는 밤사이 기적처럼 다가온 변화 앞에서 문득 떠오른 영감 어린 시를 거침없이 써 내려갔다. 시를 정리하고 나서는 아내를 밝은 표정으로 맞이했다.

이 시의 작곡을 부탁받은 당시 복음성가 가수이자 작곡가인 아이라 생키(Ira D. Sankey)는 자기보다 훌륭한 필립 블리스(Philip P. Bliss)에게 양보했고, "내 평생에 가는 길"(It is well with my soul, 새찬송가 413장)이라는 제목으로 탄생되었다.

내 평생에 가는 길 순탄하여 늘 잔잔한 강 같든지 / 큰 풍파로 무섭고 어렵든지 나의 영혼은 늘 편하다 / 내 영혼 평안해 / 내 영혼 내 영혼 평안해.

스트레스를 기도로 승화시킬 때 하나님이 모든 묶였던 것을 풀리게 하신다. 다만 기도할 때는 느껴지는 감정 그대로 하나님께 나아가야 한다. 물론 감정이 심각하게 상처받았을 때는 어떻게 기도해야 할지 모를 수 있다. 그때는 성령께 대신 간구해 달라고 요청하라.

감정을 고백함으로 진짜 문제를 인식하게 되면 그에 합당한 필요를 가지고 하나님께 나아가야 한다. "하나님, 다 아시죠?"라고 무성의하게 기도하기보다 "하나님, 제가 이런 일로 스트레스를 느끼고 있습니다. 어떻게 해야 합니까?" 또는 "하나님, 이런 일로 좌절감에 빠져 있습니다. 제게는 어떤 일도 해낼 수 있다는 자신감이 없습니다. 능치 못하실 일이 없는 주님의 능력을 체험하기 원합니다"라고 솔직하게 자신의 필요를 구하는 것이 좋다. 빌립보서에도 우리가 어떻게 기도해야 할지가 분명히 나와 있다.

"아무것도 염려하지 말고 다만 모든 일에 기도와 간구로, 너희 구할 것을 감사함으로 하나님께 아뢰라 그리하면 모든 지각에 뛰어난 하나님의 평강이 그리스도 예수 안에서 너희 마음과 생각을 지키시리라"(빌 4:6-7).

하나님께 소망을 두고 기도할 때 불안의 물음표를 하나님의 능력의 마침표로 바꾸어 찍을 수 있다. 아직도 스트레스 속에서 기도하는 방법을 잘 모르겠다면 예수님의 기도를 떠올리기 바란다. 예수님의 기도는 고백을 승리로 이끈 기도의 본을 보여 준다.

예수님도 공생애 동안 힘들고 어려운 순간을 많이 만나셨다. 그러나 주님은 기도를 게을리하지 않으셨다. 모든 일을 시작하기 전에 기도하셨고(마 4:2, 눅 6:12), 전도 여행을 떠나실 때도 새벽 기도를 하셨고(막 1:35) 수시로 철야 기도는 물론(마 14:23, 막 6:46, 눅 9:28-29), 금식 기도를 하셨다(눅 4:1-2). 그리고 중보 기도(눅 22:32, 요 17장)와 어린이를 위한 기도(마 19:13) 등 기도로 사명을 이어 가셨다.

제자들을 선택하는 중요한 일을 앞두시고도 산에 올라가 밤이 새도록 기도하셨고(눅 6:12), 십자가를 앞두고 극심한 스트레스 가운데 계실 때도 겟세마네 동산에 올라가 기도의 위대한 본을 보이셨다(마 26:36-46, 막 14:36, 눅 22:42). 땀방울이 핏방울이 되는 고통 가운데서도 "아버지여 만일 아버지의 뜻이거든 이 잔을 내게서 옮기시옵소서 그러나 내 원대로 마시옵고 아버지의 원대로 되기를 원하나이다"(눅 22:42, 44 참조)라고 간구하셨다.

기도로 인간적인 연약함을 이기고 승리하신 예수님의 모습은 우리에게 많은 위로와 감동을 준다. 주님은 하나님께 솔직한 감정을 털어놓으며 기도하셨다. 자신의 사명을 마땅히 감당할 수 있게 해달라고 도움의 손길을 요청하셨다. 그리고 마침내 자신을 둘러싼 모든 상처와 두려움을 물리치실 수 있었다.

스트레스로 인해 여러 가지 공격이 다가올 때 우리는 기도라는 무기를 들고 하나님 앞에 나아가야 한다. 무거운 짐을 가지고 나아와 하나님 앞에 내려놓을 때 하나님은 우리를 쉬게 하시고 당신이 일하신다. 때로는 은혜와 평강을 통해, 때로는 스스로 해답을 찾도록 도우심으로써 때로는 성령의 지혜로 해결해 주신다.

"여호와 나의 하나님이여 주께서 행하신 기적이 많고 우리를 향하신 주의 생각도 많아 누구도 주와 견줄 수가 없나이다 내가 널리 알려 말하고자 하나 너무 많아 그 수를 셀 수도 없나이다"(시 40:5).

한 번도 기적과의 만남이 없었다고 생각하는가? 우리 삶에 일어났던 기적의 순간을 한 번 떠올려 보자. 손을 내밀었으나 아무에게도 도움을 얻을 수 없었던 순간, 뭐라도 붙잡고 싶었으나 전혀 기대할 수 없었던 순간에, 내가 알지 못했던 방식으로, 전혀 생각하지 않았던 방법으로 은혜로우신 하나님이 뻗으신 도움의 손길을 기억해 보자. 언제나 그곳에는 수렁에서 나를 건지신 기적의 하나님이 계셨다.

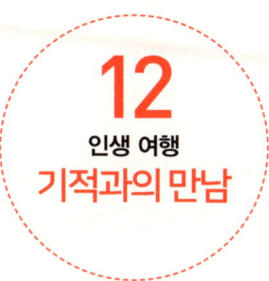

12
인생 여행
기적과의 만남

**우리의 소원을 넘어
하나님의 방법으로 베푸시는 기적의 은혜**

　우리의 삶은 매일 기적을 만난다. 다음 이야기를 들으면 부정할 수 없을 것이다. 평균 체중을 지닌 성인의 하루 평균 심장 박동 수는 약 10만 8,689회다. 온몸을 흐르는 피는 혈관을 약 2억 6,880킬로미터 돈다. 또한 하루에 2만 3,040회의 숨을 쉰다. 뇌세포는 700만 개가 움직이고, 75개의 근육이 움직이고, 하루 평균 5,000여 개의 단어를 말하고, 머리카락은 0.3밀리미터 자란다. 이 모든 기능이 하루에 일어난다.

　이 중에서 단 한 가지라도 제 기능을 다하지 못하면 어떻게 될까? 단 하루만, 아니 단 한순간이라도 하나님이 신묘막측하게 지으신 우리 몸이 창조의 섭리에 맞게 움직이지 않는다면 어떻게 될까? 말할 것도 없이 심각한 문제가 일어난다. 알고 보면 우리가 살아 있는 것, 숨 쉬고 있는 것이 기적이다. 그러니 어쩌면 우리는 매일 기적과 만나고 있는 것인지도 모르겠다.

많은 사람이 기적을 바란다. '기적이 일어났으면 좋겠다', '기적 같은 일이 짠 하고 나타나서 천지가 바뀌었으면 좋겠다'라고 바라기도 한다. 그렇다면 무엇을 기적이라고 이야기할 수 있을까?

주변을 둘러보면 우리가 살아 있다는 사실 외에 "이것은 정말 기적이다!"라고 고백할 수밖에 없는 상황이 분명히 존재한다. 예를 들어, 지미 카터(Jimmy Carter) 전 미국 대통령은 2015년 6월, 간암으로 수술을 받았다. 그런데 안타깝게도 8월, 뇌에 암이 전이된 것이 확인되었다. 이에 의사들은 그의 삶이 얼마 남지 않았다고 말했다. 그런데 그는 죽지 않았다. 같은 해 12월, 그는 교회 성경 공부 시간에 자신의 암이 완치되었다고 이야기했다. 게다가 최근에는 해비타트 집짓기 현장에서 귀한 봉사를 감당하고 있다. 사람들은 어떤 약이 그를 치료했는지 연구하지만, 그는 자신의 운명은 하나님께 있다고 고백했다. 이것이 바로 기적이다.

제퍼슨(T. Jefferson)은 기적에 대해 이렇게 정의했다.

기적이란 인간이 이제까지 알고 있었던 것보다 더 수준 높은 무한의 법칙을 인정할 때 일어나는 것이다. 우리 안에 있는 것으로 다 설명할 수 없는 무한의 법칙, 하나님의 역사하심, 하나님의 움직이심, 하나님의 다스리심, 바로 그 무한의 법칙을 믿음의 눈으로 인정할 때 기적이 일어나는 것이다.

이렇듯 기적은 인간의 능력과 노력을 뛰어넘는 하나님의 권한이다. 우리가 경험했거나 알고 있는 기적의 내용은 각각 다르다. 어떤 사람은 병 고침의 기적을 체험하기도 하고, 오랫동안 닫혀 있던 취업의 문이 놀랄 만한 방법으로 열리기도 하고, 막혔던 돈줄이 한순간 풀리기도 한다. 무엇보다 절대 예수님을 믿을 것 같지 않던 사람이 예수님을 믿고 변화되는 기적을 경험하기도 한다. 이처럼 작은 기적부터 큰 기적까지 셀 수 없이 많은 기적이 우리의 도처에서 일어나고 있다. 그래서 우리는 기대하며 기도한다.

"하나님, 우리 삶 가운데 기적을 베풀어 주세요!"

우리 삶의 놀라운 선물인 기적을 마다할 사람은 아무도 없을 것이다. 그래서 우리는 인생 여행에서 만나게 되는 기적에 대해 세심히 살펴볼 필요가 있다.

생각해 보면 기적으로 가득한 인생

하나님을 믿으라고 권할 때 신앙에 대한 확신이 없어 이렇게 말씀하시는 분들이 종종 있다.

"하나님이 제게 기적 한 번만 보여 주시면 믿겠습니다."

이런 고백 앞에 성경은 확실한 해답을 제시한다.

"여호와 나의 하나님이여 주께서 행하신 기적이 많고 우리를 향하신 주의 생각도 많아 누구도 주와 견줄 수가 없나이다 내가 널리 알려 말하고자 하나 너무 많아 그 수를 셀 수도 없나이다"(시 40:5).

도대체 시편 기자는 어떻게 하나님이 행하신 기적이 한 번도 아니고 얼마나 많은지 모르겠다고 고백할 수 있었을까? 그것은 그가 기적의 하나님을 만났고, 기적의 하나님 앞에 나왔을 때 기적으로 가득한 인생을 발견했기 때문이다. 우리만 기적이 일어나기를 바라는 것이 아니다. 실은 하나님도 우리 삶 가운데 기적을 행하기 원하신다.

시편 기자는 "내가 여호와를 기다리고 기다렸더니 귀를 기울이사 나의 부르짖음을 들으셨도다"(시 40:1)라고 고백했다. 한낱 지으심을 받은 피조물에 불과한 우리가 창조주 하나님 앞에 그분의 이름을 부르며 간구할 때 하나님은 우리의 연약한 기도를 들으시고 응답하신다. 그 자체만으로도 충분히 감동을 받고 놀랄 만하다. 그 자체가 기적인 셈이다. 뿐만 아니라 창조주 하나님은 그보다 더 큰 은혜를 주신다. 이어지는 시편 기자의 고백을 살펴보자.

"나를 기가 막힐 웅덩이와 수렁에서 끌어 올리시고 내 발을 반석 위에 두사 내 걸음을 견고하게 하셨도다"(시 40:2).

    수렁과 웅덩이에 빠지면 나오려고 발버둥 칠수록 더 빠져든다. 혼자 힘으로 빠져나올 수가 없다. 그런데 기가 막힐 웅덩이와 수렁에 빠진 우리를 하나님이 손을 들어 끌어 올리시고, 우리의 발을 반석 위에 두어 견고하게 하신다는 것이다. 이러한 기적을 하나님은 지금도 베풀고 계신다.

    예수님은 공생애 사역 중 많은 기적을 행하셨다. 그중에서도 제자들과 함께하실 때 하나의 사건을 통해 자신이 기적의 하나님이심을 보이셨다. 하루는 제자들과 함께 배로 강을 건너다 큰 풍랑을 만나셨다. 거친 풍랑을 마주한 제자들은 무척 당황했다. 깊은 수렁에 빠졌을 때, 도저히 제자들의 힘으로는 난관을 헤쳐 나갈 수 없을 때 예수님은 구원의 손길을 베푸셔서 바다를 잠잠히 하는 기적을 행하셨다.

    또한 하나님은 구약성경에 등장하는 사르밧 과부에게도 기적을 보이셨다. 당시 그녀가 살던 곳에서는 큰 가뭄으로 인해 모두가 궁핍한 상황에 처했다. 그녀 역시 더 이상 사람의 힘으로는 가난에서 벗어날 방도가 없었다. 그럼에도 마지막 양식으로 하나님의 사자 엘리야를 대접했다. 그때 하나님이 기적을 행하셨다. 텅텅 빈 통에 곡식 가루가, 병에는 기름이 떨어지지 않는 기적이 일어났다. 기가 막힐 웅덩이와 깊은 수렁에 빠졌을 때 하나님이 건져 주시는 기적을 행하셨던 것이다.

인생을 살다 보면 스스로 자신을 끌어 올릴 수 없는 불가능한 일들이 얼마나 많은지 모른다. 몸부림을 치고 스스로 해결해 보려고 애를 쓰지만 점점 더 나락으로 떨어질 때가 많다. 하나님은 그런 상황에서 우리를 끌어 올리시고 인도하신다.

아직도 기적과의 만남이 믿어지지 않는가?

한 번도 기적과의 만남이 없었다고 생각하는가? 우리 삶에 일어났던 기적의 순간을 한번 떠올려 보자. 손을 내밀었으나 아무에게도 도움을 얻을 수 없었던 순간, 뭐라도 붙잡고 싶었으나 전혀 기대할 수 없었던 순간에, 내가 알지 못했던 방식으로, 전혀 생각하지 않았던 방법으로 은혜로우신 하나님이 뻗으신 도움의 손길을 기억해 보자. 그때는 '그런가 보다' 하며 지나갔을 것이다. 하지만 뒤를 돌아보면, 언제나 그곳에는 수렁에서 나를 건지신 기적의 하나님이 계셨다.

그 은혜에 대해 시편 기자는 이렇게 찬양한다.

"새 노래 곧 우리 하나님께 올릴 찬송을 내 입에 두셨으니"(시 40:3)

하나님이 우리 삶 가운데 기적의 노래를 주셨다. 울음이 아니라 새로운 노래다. 하나님은 아침마다 신실하심으로 우리를 만나 주시고, 말씀하시고, 우리 가슴을 뛰게 하신다. 그리고 고백하게 하신다.

가정 상담을 하다 보면 남편이 신앙생활을 잘하게 해달라고 열심히 기도하는 아내분들을 자주 만나게 된다. 심방을 갈 때마다 종종 듣는 놀라운 고백이 있다. 오랫동안 남편을 위해 기도했는데, 어느 순간 남편의 믿음이 확실히 성장했다는 것이다.

"목사님, 우리 남편이 믿음 생활을 얼마나 잘하는지 몰라요. 하나님의 은혜예요. 기적입니다."

어떤 경우에는 이런 고백도 하신다.

"목사님, 우리 남편 신앙 좀 좋게 해달라고 기도했는데요, 요즘에는 신앙이 너무 좋아져서 걱정이 될 정도예요."

우리는 스스로의 입술로 하나님의 기적을 고백하고 있다. 하나님은 우리를 변화시키시고, 새 노래를 쉴 새 없이 주신다. 이것이 기적이다. 다만 하나님은 하나님을 의지하고, 교만한 자와 거짓에 치우치는 자를 돌아보지 않는 자들을 축복하시고, 결국에는 기적을 경험하게 하신다. 그래서 시편 기자는 이렇게 결론을 내렸다.

"여호와 나의 하나님이여 주께서 행하신 기적이 많고 우리를 향하신 주의 생각도 많아 누구도 주와 견줄 수가 없나이다 내가 널리 알려 말하고자 하나 너무 많아 그 수를 셀 수도 없나이다"(시 40:5).

아직도 기적과의 만남이 믿어지지 않는가?

하나님의 입장에서 기적은 아무것도 아니다

문제가 다가올 때 우리가 자주 저지르는 실수가 있다. 자기 스스로 해결 방법을 정하고 하나님께 기도로 통보하는 것이다. 하지만 그것은 하나님의 방법이 아니다. 우리 삶에 많은 기적을 행하신 기적의 하나님은 우리가 안고 있는 문제들에 어떻게 개입하기를 원하실까?

인생에 주어진 중요한 시험과 진로 앞에서, 질병의 문제, 경제적인 문제, 관계의 문제 앞에서 우리는 기적을 찾는다. 도저히 내 힘으로 어떻게 할 수 없는 문제를 놓고 기도하며 하나님이 기적을 일으키시기를 기대한다. 그런 가운데 기도에 응답하시는 하나님의 기적을 경험하기도 한다.

하지만 안타까운 것은 기적의 하나님을 수없이 만나고도 내가 소원하는 바로 그 기적이 나타나지 않으면 모든 기대와 믿음을 저버리고 만다는 것이다. 소원하는 대로 기적이 일어나지 않으면 '그래, 기적은 없어. 하나님이 기적을 베푸시겠어?'라고 하며 힘들어하고, 이내 포기한다. 우리는 참 연약한 인간이다.

그러나 하나님은 우리 삶에 친히 간섭하셔서 기적을 베풀기 원하신다. 단 하나님의 방법으로 하신다. 성경은 기적의 하나님이 우리를 만나기 원하시고, 기적의 손으로 우리를 만지기 원하신다고 말한다. 그래서 기적을 베푸시는 하나님은 우리에게 말씀하신다.

"네 입을 크게 열라 내가 채우리라"(시 81:10).

일을 행하시는 하나님, 움직이시고, 다스리시고, 주관하시고, 역사하시는 하나님, 기적을 베푸시는 하나님의 입장에서 볼 때 내 삶의 문제, 내 기도 제목, 내가 힘들어하는 문제는 사실 아무것도 아니다.

이사야 40장은 하나님의 위대하심을 한마디로 잘 표현하고 있다. 하나님이 얼마나 위대하고 전능하신지, 온 열방이 마치 물 한 방울과 같으며 작은 티끌만도 못하다고 말한다. 그러면서 아무것도 아니라고 말한다. 그러나 더 정확히 표현하면, 아무것도 아닌 것보다 더 아무것도 아니다. 열방은 크신 하나님 앞에서는 제로가 아니라 마이너스인 셈이다. 하나님은 이스라엘 백성에게 이렇게 말씀하신다.

"야곱아……너는 알지 못하였느냐 듣지 못하였느냐 영원하신 하나님 여호와, 땅끝까지 창조하신 이는 피곤하지 않으시며 곤비하지 않으시며 명철이 한이 없으시며 피곤한 자에게는 능력을 주시며 무능한 자에게는 힘을 더하시나니 소년이라도 피곤하며 곤비하며 장정이라도 넘어지며 쓰러지되 오직 여호와를 앙망하는 자는 새 힘을 얻으리니 독수리가 날개 치며 올라감 같을 것이요 달음박질하여도 곤비하지 아니하겠고 걸어가도 피곤하지 아니하리로다"(사 40:27-31).

이 말씀은 야곱 한 사람에게만 해당되는 것이 아니다. 하나님이 택하신 이스라엘 백성을 향한 말씀이다. 야곱의 열두 아들, 곧 이스라엘 열두 지파를 향한 말씀이다. 다시 말해, 하나님이 택하신 백성에게 힘을 주시고 동행하시겠다는 놀라운 약속인 것이다.

인생 여행 가운데 가장 가슴 떨리고 신묘막측한 기적과의 만남에서 기억해야 할 것은 하나님의 입장에서 기적은 아무것도 아니라는 사실이다. 하나님은 모든 기적을 베푸시는 전능하신 분이다. 다만 기적을 바라보는 우리의 태도가 문제다.

성경은 '여호와를 앙망하는 자'에게 이러한 기적이 일어난다고 이야기한다. '앙망한다'라는 말은 '소망을 하나님께 둔다'라는 뜻이다. 하나님은 자신을 향해 소망을 두는 자에게 반드시 능력을 보여 주신다. 그러므로 기적을 행하시는 하나님의 위대한 능력을 믿고 소원을 하나님께 두어야 한다.

기적을 베풀기를 원하시는 하나님

"어떤 기적이 나타나기를 원하십니까?"

이렇게 질문을 한다면 선뜻 대답이 나오지 않을 수도 있다. 혹시라도 잘못 말했다가 기회가 날아가 버릴 것 같아 신중에 신중을 기하게 된다. 그래서 생각 끝에 묘안을 짜낸다.

"마음의 소원이 다 이루어지는 기적이요."

마치 기적의 하나님을 알라딘의 요술램프로 착각하고 있다는 생각이 든다. 물론 하나님은 우리 가운데 역사하기를 원하신다. 우리 인생 광야에 길을 내고, 사막에 강을 내기 원하시며 지금도 기적을 베풀기 원하신다.

우리는 주님 앞에 나아가기 전에 자신에게 진지하게 질문해야 한다.

"내 삶에는 어떤 기적이 필요한가?"

답을 찾기 위해서는 하나님과 기적이 얼마나 밀접한 관계에 있고, 하나님께 기적이 어떤 의미인지 알아야 한다. 그러고 나서 이렇게 기도해야 한다.

"하나님, 제게 기적을 베풀어 주십시오. 전능하신 하나님, 제 삶이 너무 힘듭니다. 붙잡고 있는 것이 아무것도 없습니다. 아니, 오히려 마이너스 인생입니다. 그러나 저를 만지시고, 세우시고, 응답하시고, 수렁에서 끌어 올리시고, 새 노래를 제 입술에 주시는 하나님, 제게 기적을 베풀어 주옵소서."

구체적인 소원을 밝히고 기적이 일어나기만 손꼽아 기다리는 것이 아니라 우리 안에 역사하시는 기적의 하나님 앞으로 나아가는 일이 우선

되어야 한다. 그때 하나님의 영이 우리를 만지신다. 하나님의 영이 우리를 치유하시고, 살리신다.

부모가 자녀를 대하는 마음은 대부분 비슷하다. '능력만 있다면 더 많은 것을 해주고 싶은데'라고 하며 안타까워한다. 모든 부모의 마음일 것이다. 그러나 우리 주님은 능력의 하나님이시다. 능력만 있으신 것이 아니라 우리를 향하신 주의 생각도 많으시다(시 40:5). 주님은 우리에게 기적과 능력을 행하기 원하신다. 그만큼 우리를 사랑하시고 생각하신다.

하나님은 자기 아들을 죽이기까지 우리에게 그 사랑을 다 주셨다. 또 모든 능력과 권세가 있으신 주님은 우리를 사랑하시기에 기꺼이 모든 것을 주셨다. 그 주님이 우리의 하나님이 되시고, 우리에게 기적을 행하기 원하신다. 이보다 더 큰 기적이 어디 있겠는가?

"참으로 너를 도와주리라 참으로 나의 의로운 오른손으로 너를 붙들리라"(사 41:10).

기억하라. 하나님은 우리 삶에 기적을 베풀기 원하신다. 이것은 하나님의 진심이다. 그러므로 우리의 시선을 하나님께 고정시키고 전능하신 주님께 기적을 베풀어 달라고 간구해야 한다.

주위의 상황과 사람들의 평가에 휘말리면 기적의 하나님을 온전히 바라볼 수 없다. 그러니 피곤한 이들의 말과 평가와 판단은 멀리하고, 샘물처럼 솟는 새로운 노래를 우리의 입술에 주시고, 수렁에서 우리를 건져 내시며, 우리의 힘이 되시는 기적의 하나님만 바라보고 기적을 위해 기도하기 바란다. 그때 반드시 우리 인생 가운데 기적과의 만남을 경험하게 될 것이고, 매일 기적과 만날 수 있을 것이다.

"사망아 너의 승리가 어디 있느냐 사망아 네가 쏘는 것이 어디 있느냐"(고전 15:55).

성경이 말하는 죽음은 끝이 아니라 집을 바꾸는 것이다. 곧 육신을 입고 살던 집에서 영원한 천국의 집으로 옮겨 가는 것을 의미한다. 그러니 이 땅의 집이 조금 불편해도 걱정할 필요가 없다. 영원히 거할 처소가 있기 때문이다. 육신의 장막이 무너진 후 이제는 가장 아름다운 대저택으로 나아가는 것이 성경이 말하는 죽음이다. 죽음 너머 이 땅의 집과는 비교도 할 수 없는 천국 집에서 영원히 살 수 있다면 죽음은 끝이 아니라 오히려 축복이지 않을까?

13 인생 여행
죽음과의 만남

**하나님의 영광 앞에 서는 그날을
소망으로 바라보자**

　인생 여행에서의 마지막 만남은 바로 죽음과의 만남이다. 누구에게나 죽음은 외면하고 싶지만 피할 수 없는 만남이다. 모든 사람은 언젠가 반드시 죽음을 맞이한다. 불후의 업적을 남긴 스티브 잡스(Steve Jobs)도 죽음을 이기지 못하고 암으로 세상을 떠났다. 그는 암 투병 중 스탠포드 대학 졸업식에서 만인에게 기억될 만한 훌륭한 연설을 했다. 많은 사람의 박수갈채를 받은 후 그는 자신의 암 투병에 대해 이렇게 고백했다.

　"감사하게도 저는 괜찮습니다."

　그로부터 6년 후 그는 세상을 떠났다.

　죽음은 사실 불편하다. 피할 수만 있다면 피하고 싶다. 많은 사람이 죽음을 싫어한다. 한국말에도 죽음에 대한 부정적인 정서가 녹아 있다. '좋아 죽겠다', '웃겨 죽겠다', '배고파 죽겠다', '궁금해 죽겠다', '짜증 나 죽겠다', '아파 죽겠다', '미워 죽겠다', '더워 죽겠다', '보고 싶어 죽겠다' 등 수많은 표현이 죽음의 의미를 담아내고 있다. 우리가 말하는 대로 다 이루어진다면 수없이 많은 장례를 치러야 할지도 모르겠다.

중국 한나라에 무제라는 사람이 있었다. 그는 영원히 죽지 않을 방법에 대해 알아내고자 부단히 노력했다. '어떻게 하면 영생을 얻을 수 있을까?' 생각하다가 찬 이슬을 모아서 마셨다고 한다. 진나라 시황제는 먹으면 늙지 않는다는 풀인 불로초를 찾기 위해서 동남동녀 500명을 온 세상에 보냈지만 결국 불로초를 찾지 못한 채 세상을 떠나고 말았다.

우리는 일상에서 다양한 죽음과 만나고 있다. 사랑하는 이들의 죽음을 보기도 하고, 죽음에 대해 진지하게 고민해 보기도 한다. 사실 우리 인생에서 죽음과의 만남은 새롭지 않다. 아직 우리 자신이 죽지 않았을 뿐이다. 그렇다면 인생 여행의 마지막 만남인 죽음의 진정한 의미는 무엇일까?

누구나 피할 수 없는 길, 죽음의 강을 건너야 한다

누구나 죽음에 대한 막연한 두려움이 있다. 많은 부분 우리는 죽음에 대해 무감각한 채 살아간다. 그러나 갑작스레 죽음을 맞이하는 사람들을 보면서 '내게도 죽음이 온다면?'이라는 생각이 불현듯 스쳐 지나가기도 한다.

우리가 죽음을 두려워하는 가장 큰 이유는 피할 수 없는 길이기 때문이다. 언젠가는 반드시 죽음의 강을 건너야 한다는 사실은 알고 있다. 하지만 우리의 마음이 준비되지 않았다.

특히 어르신들이 자주 하시는 말씀 가운데 "태어날 때는 순서가 있지만 떠날 때는 순서가 없다"라는 말을 들으면 더욱 그렇다. 갑자기 찾아든 병을 이기지 못하거나 전혀 예상하지 못했던 사건이나 사고로 죽음을 맞이하는 경우도 얼마든지 있다. 우리는 간단한 수술을 위해 마취를 할 때도 농담 삼아 "내가 마취에서 다시 깨어날 수 있을까?"라는 말을 하곤 한다. 웃으며 말하지만 그 기저에는 죽음에 대한 두려움이 강하게 스며 있다.

'죽으면 끝이다'라는 생각이 우리 마음을 지배하고 있다. 그래서 우리는 죽음을 바라보면서 활활 타오르던 불이 꺼지고, 재와 같이 사라져 버릴 것 같은 두려움에 휩싸인다. 이 두려움은 모두 가지고 있다. 다만 어떤 이에게는 일상에서 가깝게 다가와 있고, 또 어떤 이에게는 어느 순간 갑자기 떠오를 수 있다. 정말 죽음 뒤에 아무것도 없다면 우리는 극한의 두려움을 느낄 수밖에 없다. 하지만 우리는 피할 수 없는 길, 죽음의 강을 건너가야만 한다.

그리스도의 죽음 안에 죽음이 죽었다

그런데 성경은 죽음이 끝이 아니라고 말한다. 바울은 죽음을 향해 이렇게 선포하고 있다.

"사망아 너의 승리가 어디 있느냐 사망아 네가 쏘는 것이 어디 있느냐" (고전 15:55).

유진 피터슨(Eugene Peterson)의 『메시지 성경』은 이 구절을 이렇게 번역했다.

"생명이 죽음을 삼키고 승리를 거두었다! 오 죽음아, 누가 최종 결정권을 쥐었느냐? 오 죽음아, 이제 누가 너를 두려워하겠느냐?"

우리가 죽음을 두려워하는 이유는 죽음 이후를 알지 못하기 때문이다. 그런데 성경은 "사망아 너의 승리가 어디 있느냐 사망아 네가 쏘는 것이 어디 있느냐", "이제 누가 너를 두려워하겠느냐"라고 당차게 따져 묻는다. 뭔가 믿는 구석이 있기 때문에 바울은 이렇게 선포한 것이다. 그것은 곧 죽음 이후 다시 살아나게 할 부활의 능력이다.

"한 번 죽는 것은 사람에게 정해진 것이요 그 후에는 심판이 있으리니" (히 9:27).

성경은 죽음 이후 영원한 심판이 있다고 말한다. 그러나 주를 믿는 자에게는 심판을 넘어 영원한 생명이 주어진다. 이것이 그리스도의 십자가, 바로 부활이다. 청교도 신학의 황태자라 불리는 존 오웬(John Owen)은 이 말을 다음과 같이 표현했다.

"예수 그리스도의 죽음 안에 죽음이 죽었다"(The Death of Death in the Death of Christ).

예수 그리스도께서 십자가에서 죽으심으로 우리에게 죽음을 넘는 영원한 생명이 존재하게 되었다. 그것은 바로 예수 그리스도의 십자가요, 죽음의 권세를 이긴 부활의 능력이다. 십자가 위에서 예수님은 사망의 권세를 다 이겼다고 말씀하셨다.

십자가는 곧 영원한 생명의 통로다. 십자가는 우리 인생의 장막이 무너지더라도 우리가 여전히 주님 앞에 설 수 있는 근거가 된다. 그래서 성경은 죽음에 대해서 "잠깐 자는 것이다. 다시 깨어날 것이다. 우리의 인생은 마치 나그네와 같다. 우리 육신의 장막이 무너지는 날, 우리는 다시 하나님 앞에 설 것이다"라고 말한다.

성경이 말하는 죽음은 끝이 아니라 집을 바꾸는 것이다. 곧 육신을 입고 살던 집에서 영원한 천국의 집으로 옮겨 가는 것을 의미한다. 그러니 이 땅의 집이 조금 불편해도 걱정할 필요가 없다. 영원히 거할 처소가 있기 때문이다. 육신의 장막이 무너진 후 이제는 가장 아름다운 대저택으로 나아가는 것이 성경이 말하는 죽음이다. 죽음 너머 이 땅의 집과는 비교도 할 수 없는 천국 집에서 영원히 살 수 있다면 죽음은 끝이 아니라 오히려 축복이지 않을까?

"내가 사망의 음침한 골짜기로 다닐지라도 해를 두려워하지 않을 것은 주께서 나와 함께하심이라 주의 지팡이와 막대기가 나를 안위하시나이다"(시 23:4).

다윗의 고백처럼 사망의 음침한 골짜기를 다닐지라도 주님이 함께하신다면 두려워할 이유가 없다. 또한 죽음이 영원한 생명으로 이어진다는 말씀을 믿는다면 죽음이 우리를 삼킬지라도 다음과 같이 고백하며 두려움 없이 나아갈 수 있다.
"오 죽음아, 누가 최종 결정권을 쥐었느냐? 오 죽음아, 이제 누가 너를 두려워하겠느냐?"

죽음은 마침표가 아니라 쉼표, 영원을 준비하라

성경은 우리의 삶이 나그네와 같다고 말한다. 한마디로 정착되지 않은 삶이다. 그래서 육신의 장막이 무너지는 날, 본향을 사모하는 자가 되라고 말한다.

어느 권사님이 병원에 갔다가 그만 시한부 판정을 받았다. 불과 1년밖에 살지 못한다고 했다. 그 이야기를 듣고 얼마나 낙심이 되었겠는가? 하지만 권사님은 죽음의 두려움에 사로잡히기보다 오히려 다른 삶을 살기로 작정했다. 얼른 정신을 차리고 남은 1년 동안 자기의 모든 것을 정리하면서 만나는 사람들에게 은혜를 나누기로 했다. 사람들에게 용서를 구하고, 격려하고, 축복하면서 1년 동안 온 정성을 다해 섬김의 삶을 살았다.

그런데 놀랍게도 권사님의 병은 오진이었다. 암이 아니었던 것이다. 이 사실을 알게 된 주변 사람들은 안타까워했다.

"권사님, 정말 아깝네요. 1년 동안 그 정성을 들였는데요."

그런데 권사님은 예상과 달리 이렇게 대답하셨다.

"아녜요. 저는 제 인생을 지난 1년처럼 소중히 여기면서 살 겁니다."

권사님은 실제 그런 삶을 살고 계신다. 한 번 죽었다가 살아난 기분을 느끼며 그 어느 때보다 활기차고 소망 있게 하루하루를 보내고 계신다.

어떤 사람은 자신의 영정 사진을 집에다 놓아둔다고 한다. 아침마다 영정 사진을 보면서 "그래, 내 인생은 이 생애에서가 끝이 아니다. 나는 이생을 넘어 본향을 향하는 사람이다. 그러니 하루하루가 얼마나 소중한지 모른다"라고 고백한다고 한다. 바로 이것이 죽음을 준비하는 자의 모습이다. 죽음은 마침표가 아니라 쉼표다. 영원을 향해 새롭게 준비하는 시간이다.

윌리엄 보든(William W. Borden)이라는 사람이 있었다. 그는 수십억 달러를 소유한 낙농 회사의 상속자로 태어났다. 그가 고등학교를 졸업했을 때 부모님은 아들에게 세계 여행을 할 수 있는 기회를 주었다. 세계를 여행하던 중에 그는 힘들고 어려운 사람들을 통해 주님을 만나게 되었다. 그리고 그곳 사람들을 위해 자기의 삶을 드리겠다고 마음을 먹었다. 그 뒤 부모님께 이렇게 편지를 썼다.

"선교를 위해서 제 삶을 바치겠습니다."

그러고는 자신의 성경책에 한 문구를 써 넣었다.

"남김없이"(No Reserves).

남김없이 다 드리겠다는 의지였다.

그 후 윌리엄 보든은 대학에 들어갔고, 성경 공부 모임을 시작했다. 그 모임은 굉장히 빨리 성장했는데, 그곳에서 보든은 큰 영향력을 발휘했다. 그리고 모임 중에 성경책에 또 하나의 문구를 썼다.

"후퇴 없이"(No Retreats).

뒤돌아보지 않겠다는 것이었다.

그 후 윌리엄 보든은 주의 음성을 듣고 중국 간수성에 복음을 전하러 가고자 했다. 간수성은 중국 아랍인들이 사는 곳이었는데, 그곳에 가기 위해 아랍어를 배우려고 먼저 중동 지역으로 갔다. 그런데 그만 이집트에서 뇌수막염에 걸렸고, 25세의 나이에 안타깝게 세상을 떠났다. 윌리엄 보든이 세상을 떠난 후에 그의 성경책에서 그가 쓴 세 번째 문구를 발견할 수 있었다.

"후회 없이"(No Regrets).

이 세 개의 문구는 죽음의 의미가 무엇인지를 단적으로 말해 준다. '남김없이', '후퇴 없이', '후회 없이' 삶을 살고자 했던 윌리엄 보든의 삶과 죽음에 대한 자세에서 우리의 옷깃을 여미게 된다.

어떤 사람이 공동묘지에 가서 묘비에 적힌 글을 읽고 있었다. 서양의 묘비에는 고인에 대한 짤막한 글이 적혀 있다. 많은 묘비를 지나치다 한 문구를 보고 발길을 멈추었다. 무척 흥미로운 글을 발견했기 때문이었다. 글은 딱 세 줄이었는데 첫 번째 줄에는 이렇게 쓰여 있었다.

"나도 전에는 당신처럼 그 자리에 그렇게 서 있었소."

그 글을 읽는 순간, 그는 웃음을 터트리고 말았다. 그리고 계속해서 둘째 줄을 읽었다.

"나도 전에는 당신처럼 그 자리에 서서 그렇게 웃고 있었소."

두 번째 줄을 읽었을 때는 웃음이 쏙 들어갔다. 순간 소름이 끼쳤지만 정신을 가다듬고 셋째 줄을 읽었다.

"이제 당신도 나처럼 죽을 준비를 하시오."

그렇다. 인생 여행 중 만나는 죽음은 인생에서의 마지막 만남이다. 하지만 동시에 새로운 삶의 시작이기도 하다. 그래서 이 땅에서의 만남을 잘 정리하는 동시에 새로운 만남을 위한 준비도 필요하다. 어떤 삶을 살 것인가 고민하며 살아야 한다.

1907년, 25세의 나이에 한국 선교사로 와서 채 1년을 채우지 못하고 26세의 나이에 주님 곁으로 간 루비 켄드릭(Ruby R. Kendrick)의 묘비에는 다음과 같은 글이 적혀 있다.

"내게 만약 천 개의 목숨이 있다면, 그 모두를 조선에 주겠습니다."

그녀는 세상을 떠나기 직전에 주변 사람들에게 "만일 내가 죽으면 텍사스 청년들에게 가서 10명씩, 20명씩, 50명씩 조선으로 오라고 일러주십시오"라고 말했다. 그 말은 텍사스 엡윗청년회 콘퍼런스에 전달되었고, 그 자리에 참석한 수많은 젊은이의 가슴에 선교의 불씨를 지폈다. 놀랍게도 그들 중 20여 명이 은둔의 나라 조선으로 달려왔다.

또한 루비 켄드릭 선교사가 죽기 전 부모님께 보낸 편지에는 다음과 같은 글이 적혀 있었다.

아버지, 어머니!
이곳 조선 땅은 참으로 아름다운 곳입니다. 모두들 하나님을 닮은 사람들 같습니다. 선한 마음과 복음에 대한 열정으로 보아 아마 몇십 년이 지나면 이곳은 예수님의 사랑이 넘치는 곳이 될 것 같습니다. 저는 복음을 듣기 위해 20킬로미터를 맨발로 걸어오는 어린아이들을 보았을 때 그들 안에 있는 하나님의 사랑 때문에 오히려 위로를 받습니다.

그러나 한편에서는 탄압이 점점 심해지고 있습니다. 그저께는 예수님을 영접한 지 일주일도 안 된 서너 명이 끌려가 순교했고, 토마스 선교사와 제임스 선교사도 순교했습니다. 선교 본부에서는 철수하라는 지시가 있었지만 대부분의 선교사들은 그들이 전도한 조선인들과 아직도 숨어서 예배를 드리고 있습니다. 그들은 모두가 순교를 할 작정인가 봅니다. 오늘 밤은 유난히도 고향으로 돌아가고 싶습니다.

외국인을 죽이고 기독교를 증오한다는 소문 때문에 부두에서 저를 끝까지 말리셨던 어머니의 얼굴이 자꾸 제 눈앞에 어른거립니다.

아버지, 어머니!

어쩌면 이 편지가 마지막일 수도 있습니다.

제가 이곳에 오기 전 뒤뜰에 심었던 한 알의 씨앗이 이제 내년이면 온 동네를 꽃으로 가득하게 하겠죠? 저는 이 땅에 저의 심장을 묻겠습니다. 바로 이것은 제가 조선을 향해 가지는 열정이 아니라 하나님이 조선을 향해 가지신 열정이라는 것을 알게 되었습니다.

어머니, 아버지! 사랑합니다.

루비 켄드릭 선교사는 가장 젊을 때 복음의 열정을 품고 미지의 땅이었던 머나먼 조선으로 건너와 조선을 위해 살았다. 누구도 대신할 수 없는 삶을 살았던 것이다.

그런 의미에서 우리는 '어떻게 죽을 것인가?'보다 '어떻게 살아야 할 것인가?'를 먼저 생각해야 한다. 또 이후 어떤 죽음을 택할 것인지 고민해야 한다. 바로 이런 교차점이 우리의 인생 여행에 있어서 죽음과의 만남이 주는 최고의 유익이다.

죽음을 준비할 때 답해야 할 두 가지 질문

다음의 두 가지 질문에 대한 답을 생각하는 것이 죽음을 준비하는 자세가 아닐까 싶다.

'내가 세상을 떠났을 때 사람들은 내 묘비명으로 어떤 글을 새겨 줄까?'
'그렇다면 나는 내 죽음을 두고 묘비명으로 무엇을 적기 원하는가?'

아마도 자신의 인생에서 계속 정조준했던 글귀를 묘비명으로 적게 될 것이다. 물론 두 가지 질문에 대한 답은 '나 자신이 정의하는 나'와 '타인이 정의하는 나'로서, 서로 간에 균형이 잘 맞아야 한다. 자신은 절약하는 삶을 살았다고 자부하지만 남들은 "밥값 한 번 안 내고 우물쭈물하더니 내 그럴 줄 알았다"라고 적는다면 얼마나 역설적인 상황인가?

나 역시 이 주제에 대해 생각해 보곤 한다. 어느 날 홀연히 주님이 부르실 때 "하나님, 제가 이렇게 살았습니다. 이것이 제 기도 제목이었고, 이날을 향해 매일매일 저 자신을 돌아보며 죽음을 준비했습니다"라고 이야기할 수 있기를 바라며 기도한다.

알렉산더 대왕이었던 필립 2세가 신하 중 한 사람에게 아침마다 외치게 한 말이 있다. 신하는 매일 아침 그의 침실 앞에서 "대왕이여, 당신이 죽는다는 사실을 잊지 마시기 바랍니다"라고 소리쳤다. 모든 부와 명예는 꽃처럼 시들기 마련이고, 언젠가는 죽음이 찾아올 것이라는 사실을 매일 깨닫기 원했던 왕의 준비된 마음처럼 우리도 마지막을 준비할 수 있다면 지금의 인생이 조금은 달라질 것이다. 영원을 향한 새로운 은혜의 시작이 될 것이다.

장례식장에서 천국 환송 예배를 인도할 때마다 집례자인 내가 먼저 앞으로 나가면 항상 영정 사진을 드신 분이 뒤를 따라오신다. 그리고 경조 성가대가 좌우로 서서 찬송을 부른다. 그때 부르는 찬송이 "하늘 가는 밝은 길이"(새찬송가 493장)이다.

하늘 가는 밝은 길이 내 앞에 있으니 / 슬픈 일을 많이 보고 늘 고생하여도 / 하늘 영광 밝음이 어둔 그늘 헤치니 / 예수 공로 의지하여 항상 빛을 보도다.

아무리 사랑하는 사람이라 할지라도 죽음의 길로 같이 갈 수는 없다. 그러나 목적지는 같다는 사실을 기억하라. 우리도 언젠가는 하늘 가는 그 길 앞에 서는 날이 올 것이다.

인생의 수고와 쓴맛과 무게를 다 지고 주님 앞에 서는 그날, 새집을 받는 그날, 하나님의 영광 앞에 서는 그날을 소망으로 바라보자. 그 소망이 오늘 우리가 이 땅에 사는 동안 사명이 되고, 섬김이 되고, 축복의 통로가 되도록 기도하자. 그렇게 살고, 그렇게 죽고, 우리가 태어날 때보다 죽을 때가 더 아름다운 삶이 되게 해달라고 기도하자.

하나님 안에서라면, 우리의 인생 여행에서 죽음과의 만남은 두려움이 아니라 또 다른 은혜와 기적이 시작되는 최고의 만남이 될 것이다.

사명선언문

너희가 흠이 없고 순전하여……세상에서 그들 가운데 빛들로
나타내며 생명의 말씀을 밝혀 _ 빌 2:15-16

1. 생명을 담겠습니다
만드는 책에 주님 주신 생명을 담겠습니다.
그 책으로 복음을 선포하겠습니다.

2. 말씀을 밝히겠습니다
생명의 근본은 말씀입니다.
말씀을 밝혀 성도와 교회의 성장을 돕겠습니다.

3. 빛이 되겠습니다
시대와 영혼의 어두움을 밝혀 주님 앞으로 이끄는
빛이 되는 책을 만들겠습니다.

4. 순전히 행하겠습니다
책을 만들고 전하는 일과 경영하는 일에 부끄러움이 없는
정직함으로 행하겠습니다.

5. 끝까지 전파하겠습니다
모든 사람에게, 땅 끝까지, 주님 오시는 그날까지
복음을 전하는 사명을 다하겠습니다.

서점 안내

광화문점	서울시 종로구 새문안로 69 구세군회관 1층 02)737-2288(T) 02)737-4623(F)
강남점	서울시 서초구 신반포로 177 반포쇼핑타운 3동 2층 02)595-1211(T) 02)595-3549(F)
구로점	서울시 구로구 시흥대로 577 3층 02)858-8744(T) 02)838-0653(F)
노원점	서울시 노원구 동일로 1366 삼봉빌딩 지하 1층 02)938-7979(T) 02)3391-6169(F)
분당점	경기도 성남시 분당구 황새울로 315 대현빌딩 3층 031)707-5566(T) 031)707-4999(F)
신촌점	서울시 마포구 서강로 144 동인빌딩 8층 02)702-1411(T) 02)702-1131(F)
일산점	경기도 고양시 일산서구 중앙로 1391 레이크타운 지하 1층 031)916-8787(T) 031)916-8788(F)
의정부점	경기도 의정부시 청사로47번길 12 성산타워 3층 031)845-0600(T) 031)852-6930(F)
인터넷서점	www.lifebook.co.kr